Manual de espumas
―――――
Versos Humanos

Letras Hispánicas

Gerardo Diego

Manual de espumas
—
Versos Humanos

Edición de Milagros Arizmendi

CUARTA EDICIÓN

CATEDRA
LETRAS HISPANICAS

Ilustración de cubierta: Fragmento de *Mujer con abanico,*
de María Blanchard

Reservados todos los derechos. El contenido de esta obra está protegido
por la Ley, que establece penas de prisión y/o multas, además de las
correspondientes indemnizaciones por daños y perjuicios, para
quienes reprodujeren, plagiaren, distribuyeren o comunicaren
públicamente, en todo o en parte, una obra literaria, artística
o científica, o su transformación, interpretación o ejecución
artística fijada en cualquier tipo de soporte o comunicada
a través de cualquier medio, sin la preceptiva autorización.

© Gerardo Diego
Ediciones Cátedra, S. A., 1996
Juan Ignacio Luca de Tena, 15. 28027 Madrid
Depósito legal: M. 25.958-1996
ISBN: 84-376-0627-6
Printed in Spain
Impreso y encuadernado en Huertas, S. A.
Fuenlabrada (Madrid)

Índice

INTRODUCCIÓN
Una etapa de creación 11
    Historial de un libro 23
    La imagen múltiple de *Manual de espumas* 31
    La poesía relativa: *Versos Humanos* 43
Cronología 63
Nuestra edición 66

BIBLIOGRAFÍA DEL AUTOR 67
  Bibliografía crítica 70
    Homenajes 72

MANUAL DE ESPUMAS 73

VERSOS HUMANOS 123
  Sonetos 129
  Nuevo Cuaderno de Soria 145
  Glosas 167
  Canciones 177
  Elegías 195
  Versos Cantábricos 203
  Epístolas 223

Introducción

Una etapa de creación

En el preliminar a la selección de *Manual de espumas* de *Versos escogidos*[1], Gerardo Diego escribe:

> *Manual de Espumas* es mi libro clásico dentro de la poética creacionista. Largas conversaciones con Vicente Huidobro y Juan Gris, y además con María Blanchard, Leger y otros artistas, críticos y poetas en el París de aquel año hicieron posible que yo aprendiese cuanto necesitaba. Escuchándoles, no obstante, yo pensaba siempre en mi música y en mis músicos, y traducía mentalmente los términos plásticos a vocabulario temporal y sucesivo que por serlo era más idóneo para «componer» poesía. Los «rapports», las gradaciones desde el tema u objeto de la naturaleza hasta su transfiguración en unidad y calidades autónomas plásticas y cromáticas ya en sentido abstraedor, ya por el contrario concretador si se partía de

---

[1] Cfr. *G. Diego, Versos escogidos,* Madrid, Gredos, 1970. Se trata de un importante texto donde el poeta ensaya con enorme acierto una interpretación de su poesía ofreciendo datos clave para su lectura. Es una conjugación creación-crítica que Diego lleva a cabo a lo largo de todo su quehacer y que considero indispensable para una comprensión global de una obra lírica densa y compleja. Por eso apuntalo continuamente mis notas con las consideraciones teóricas del mismo autor.

lo geométrico, me abrían cada día inéditas perspectivas que luego en la paz feliz de la playa cantábrica encontraban su armoniosa poetización.

De todos modos, *Manual de Espumas* es, si menos variado y rico que *Imagen,* sobre todo en el libro, precedido de lo mejor de *Evasión,* mi cancionero más ortodoxo dentro del movimiento creacionista, y también el más próximo a la pintura cubista. Yo lo veo todavía hoy como mi «momento Garcilaso» como algo idílico, y profunda, delicadamente humano.

Definía, así, muchos años más tarde, en 1970, su libro *Manual,* señalaba las líneas directrices de su composición, y aludía a una época que había vivivo intensamente con Larrea, con Huidobro..., compartiendo una atmósfera presidida por un «obsesivo afán de creación», plena de acontecimientos y polémicas. Intervino Gerardo en muchas de las sesiones ultraístas, colaboró en sus revistas, protagonizando un tiempo de vanguardia, dinámico, cruzado «simultáneamente» por distintas tendencias. «En todos estos movimientos he intervenido yo», ha escrito precisándolos: «Escuela montañesa, Preultra o Ultra sin saberlo, Ultra, Precreacionismo o Creacionismo intuitivo y anticipado. Creacionismo, Grupo del 27 y postcreacionismo» como «eslabones de una cadena vital y a la vez de una posible evolución» o mejor aún, de una «superposición»[2].

Era un tiempo que se iniciaba con un agudo sentido crítico como significativo reflejo de una urgente inquietud anímica y que impulsaba a los intelectuales (conscientes de una crisis cultural) a llevar a cabo una

---

[2] En este mismo cauce es indispensable la lectura de su obra crítica en relación con otros autores. Cfr. a este respecto la reciente recopilación G. Diego, *Crítica y poesía,* Madrid, Júcar, 1984.

revisión seria y consciente de los instrumentos artísticos. Subrayando, claro está, que no se trata de una preocupación estrictamente formal, sino de una reacción polémica que rechazaba, en un enfrentamiento global, los mitos de un inmediato pasado, buscando (además de una innovación estilística) sobre todo una nueva actitud psicológica o ideológica; pretendiendo, en definitiva, un cambio vital. Intuían y señalaban, a pesar de sus incertidumbres, la necesidad insoslayable de inaugurar una nueva trayectoria cultural que conectará a España con los más inquietos movimientos europeos. Porque evidentemente Europa vivía una extraordinaria etapa de creación y un aprendizaje de su quehacer intelectual podía constituir el inicio de una revitalización poética que exigían para, superando viejas y gastadas formas, emprender un difícil camino que les permitiera encontrar su propia expresión. Es un inquieto proceso en el que se reacciona frente a una anquilosada práctica decadentista inaugurando una nueva sensibilidad y, en un primer momento, esta innovación se lleva a cabo por grupos que adoptan, como punto de partida, una actitud antimodernista que se centra en el agotamiento provocado por los imitadores de Rubén Darío. Por ejemplo, el grupo ultraísta nacía, en palabras de Guillermo de Torre, «como una violenta reacción contra la era del rubenianismo agonizante» y surgía porque contra la repetición inútil de fórmulas desgastadas se «imponía un movimiento simultáneamente derrocador y constructor»[3]. Y debido a que la revolución ultra se instala en una atmósfera de anquilosamiento retórico reacciona de una forma polémica y derrocadora.

Este exceso en el tono se debía, entre otras cosas,

---

[3] Cfr. Guillermo de Torre, *Historia de las literaturas de vanguardia,* Madrid, Guadarrama, 1965.

a la certeza de que estaban inaugurando una época nueva, de que ellos eran los precursores de una etapa donde se podía instalar una creación ajena a gastados retoricismos. Lo expresaba Cansinos-Assens con un evidente entusiasmo: «Los que vienen detrás de nosotros, encuentran ya el rescoldo de nuestra juventud»[4]. Una juventud que, con ferviente optimismo, reconocía como destacado precursor a Ramón Gómez de la Serna y hablaba en público por primera vez de *ultra* en la entrevista de Rafael Cansinos-Assens con Xavier Bóveda publicada en *El Parlamentario*. Se entregaban a un fervoroso trabajo y, pretendiendo cumplir un ambicioso proyecto cultural, editaban distintas revistas, donde reunían a los colaboradores más significativos del movimiento, publicaban ensayos críticos, emprendían una válida labor de traducción. Iniciaban, en definitiva, un importante proceso de renovación que subrayaba Gerardo Diego cuando destacaba como nota esencial la actitud innovadora: «El ultra no es una escuela. Es un movimiento amplísimo de renovación. Su única limitación es no hacer lo que ya se ha hecho, ni la manera que se ha hecho, en especial, en estos últimos años»[5]. Y éste es el mérito primordial de Ultra, elaborar como postulado clave la lucha contra todo lo caduco, lo viejo, lo estética y vitalmente pasado. Para realizar esta empresa, adoptan un espíritu combativo y el mismo tono polémico que animaba a Marinetti y distorsionaba muchas de sus expresiones artísticas. Como el futurismo, los ultraístas hablan del exuberante vitalismo de la realidad con-

---

[4] Cfr. el texto con importantes datos de Anthony Leo Geist, *La poética de la generación del 27 y las revistas literarias: de la vanguardia al compromiso (1918-1936)*, Barcelona, Guadarrama, 1980.

[5] Cfr. G. Diego, «El Ultraísmo y las escuelas», en *La Atalaya*, Santander, 24-IX-1919.

temporánea. El bullir intenso de las grandes ciudades, su ritmo frenético, la mecanización o la tecnología se convierten en la constante argumental de estos poetas. Además (como los futuristas o los dadás), actuaban organizando espectáculos (o reuniones literarias), para, con altisonante polemicismo, despertar al público, lograr un eco y conseguir una atmósfera de cordial simpatía y participación, y lograron permeabilizar un ambiente para que en él penetraran nuevas corrientes sobre las que construir obras artísticas. Y esta posibilidad de futuro se la reconoce Dámaso Alonso cuando escribe: «todos los poetas actuales, aun los más alejados de esta tendencia son deudores, en poco o mucho, directa o indirectamente a *Ultra,* y de este movimiento hay que partir cuando se quiera hacer historia de la poesía actual»[6].

En 1918, el paso por Madrid de Vicente Huidobro apuntala la aparición del movimiento ultraísta, sobre todo porque el poeta chileno despertó un inmediato interés no sólo como creador del creacionismo, sino porque se le consideró portavoz de una cultura profundamente nueva. Lo cuenta Gerardo Diego: «allá por

---

[6] Respecto a este momento de la vanguardia son certeras y válidas las precisiones de Dámaso Alonso que señala, en relación concretamente con la poesía de Gerardo: «Y el nuevo cántico le llegó con el creacionismo. En España: ultraísmo. No se le hace justicia a este movimiento. Apenas produjo nada durable. Pero sin él difícilmente se puede explicar la poesía posterior (...). Ignoro muchas de las distinciones que los que vivieron de cerca el ultraísmo y el creacionismo explican con —relativa— claridad. Gerardo Diego a ruego mío me mostraba hace poco la diferencia de técnica y de intención que más o menos confusamente observa el lector al pasar de *Imagen* a *Manual de espumas*. Lo que sí sé es que de todo aquel vocinglerío estrépito de *Ultra* lo único que nos queda son esos dos libros juveniles, primaverales, llenos de ingenio, de fuerza intuitiva, pero también de fresca y jugosa emoción...» Cfr. Dámaso Alonso, *Poetas españoles contemporáneos,* Madrid, 1952.

el año 1916, cuando apenas alboreaba la consigna creacionista entre el verdor de sus primeros libros, el poeta era esperado como un meteoro fabuloso; y, en efecto, sus visitas tenían la fatal irregularidad imprevisible de los cometas de larga cola y contradictorio presagio»[7].

Asimismo, Rafael Cansinos-Assens lo considera: «el acontecimiento supremo del año literario que ahora acaba» (...) y añade: «su venida a Madrid fue el único acontecimiento literario del año, porque con él pasaron por nuestro meridiano las últimas tendencias literarias del extranjero; y el mismo asumía la representación de una de ellas (...) cuyo evangelio práctico recogió en un libro, *Horizon carré* (París, 1917)».

Revisemos algunos de sus postulados teóricos de indiscutible repercusión. En 1916, en *El espejo del agua,* Huidobro definía el creacionismo en el «Arte poética» en un manifiesto cuya novedad radica en que fusiona distintos conceptos: la lírica debe crear transparencia; es imprescindible crear nuevos mundos. La palabra realiza la creación que reside en la cabeza; marca asimismo la desconfianza respecto al adjetivo, etc. Y sobre todo una afirmación rotunda: el elemento esencial es la acción de crear. Para ello es imprescindible volver al origen, valorando dos componentes fundamentales: la palabra y la imagen. El poeta au-

---

[7] G. Diego, *V. Huidobro,* recogido en René de Costa, *Vicente Huidobro y el creacionismo* en El escritor y la crítica, Madrid, Taurus, 1975. Se trata de un importante volumen porque recopila textos sobre Huidobro y el creacionismo de indiscutible importancia dentro de la amplia y diversa bibliografía que hay sobre el tema. Del mismo autor René de Costa es interesante: *Huidobro: los oficios de un poeta,* México, Fondo de Cultura Económica, 1984, donde el crítico pretende llenar vacíos bibliográficos con el uso de documentos recién descubiertos. Asimismo cfr. G. Videla, *El ultraísmo,* Madrid, Gredos, 1971, 2.ª, y E. Caracciolo Trejo, *La poesía de Vicente Huidobro y la vanguardia,* Madrid, Gredos, 1974.

téntico actúa con palabras poéticas, desprovistas de su significación usual, debido a que se refieren al mundo primigenio, no al que existe, sino al que «debiera existir».

En su conferencia en el Ateneo madrileño, Huidobro explicaba: «Aparte de la significación gramatical del lenguaje, hay otra, una significación mágica, que es la única que nos interesa (...). En todas las cosas hay una palabra interna, una palabra latente que está debajo de la palabra que las designa. Esta es la palabra que tiene que descubrir el poeta.» Afirma, además, que la «Poesía es un desafío a la Razón, el único desafío que la Razón puede aceptar, pues una crea su realidad en el mundo que *es* y la otra en el que *está siendo»*. La palabra poética se convierte en algo sagrado que va más allá de la razón: «Las palabras tienen un genio recóndito, un pasado mágico que sólo el poeta sabe descubrir porque él siempre vuelve a la fuente.» La labor del poeta posee un halo mágico debido a que tiene que otorgarle trascendencia a la palabra.

De forma análoga la imagen sufre un proceso de renovación para poder establecer un vínculo entre realidades aparentemente distantes entre sí. Porque, en definitiva, se trata de entablar una distinta, nueva relación con la naturaleza, hasta crear una realidad en sí, que no se limite a ser una copia, una imitación de la realidad exterior. Por eso es imprescindible que «la rosa florezca en el poema».

En el prólogo a *Horizon carré*, Huidobro precisa este contacto poema-realidad: «Crear un poema tomando a la vida sus motivos o transformándolos para darles una vida nueva e independiente. Nada anecdótico ni descriptivo. La emoción ha de nacer de la única virtud creadora. Hacer un poema como la naturaleza hace un árbol.»

Además, esta distinta relación, o mejor, esta transformación de la realidad significa establecer un enfrentamiento con el mundo objetivo, o en palabras de Huidobro, comporta «independencia» del mundo externo hasta ocupar su lugar como «un fenómeno singular aparte y distinto de los demás fenómenos», hasta ser otra, diferente realidad; sin parecido, real en sí misma con su vida propia. No cabe duda de que se trata de certezas teóricas importantes, significativas pero de difícil o imposible proyección en poema. Para lograr esta conversión utilizan una compleja técnica que según Cansinos-Assens «recuerda la técnica mordiente y certera de los caricaturistas. Y al mismo tiempo, por la simultaneidad de sus imágenes, a momentos, hacen pensar en una filiación pictórica, en una transcendencia literaria de los modernos cubistas y planistas»[8].

Este contacto con las nuevas maneras pictóricas es decisivo porque determina la búsqueda de una dimensión plástica del poema que se consigue a través del verso libre y, sobre todo, mediante la distorsión tipográfica que otorga perspectiva visual.

Se pretende establecer, por tanto, una diferente relación entre la realidad objetiva y la realidad creada por el poeta que no se corresponde, o no debe, con el mundo objetivo. Y así la poesía adquiere una función activa: la de construir un mundo nuevo a través de la acción «demiúrgica» del creador, mediante una transformación estética que superponga a lo objetivo una subjetividad reflejo de lo soñado o de lo imaginado, pero de idéntica o mayor validez.

Se determina una imagen autónoma, ajena a la realidad exterior que permite la creación de una nueva

---

[8] Cfr. Cansinos-Assens, en *Cosmópolis*, Madrid, I, I, enero, 1919.

realidad complementaria a la existente, prescindiendo de la anécdota, sin recurrir a la descripción, hasta construir un mundo poblado por imágenes distintas y distantes a las que se perciben en el exterior. Una construcción del poema que para Gerardo Diego se aproxima a la música. Se lo indicaba en carta a Gurney, respecto a la poesía de Larrea, con las siguientes palabras: «En cuanto a mí, de educación musical vivida desde niño, sin darme cuenta al principio al estudiar la obra y la teoría de Huidobro, y enseguida dándome perfecta cuenta y aprovechando el hallazgo, empleo como método el mismo de la creación musical, si bien, como en el caso de Huidobro, con el arte de la pintura y escultura, traduciendo al vocabulario lingüístico, gramatical, poético, los elementos de la composición musical y los ideales del gran sueño humano y casi divino de la música»[9].

En este cauce teórico, y como elemento decisivo de la poética ultraísta[10], el 1 de enero de 1922, en las páginas de la revista *Ultra* se escribe sobre la importancia fundamental de la imagen considerándola, en una estrecha analogía con metáfora, como clave del poema. Sin referencias al mundo exterior la imagen determina una cohesión interna porque establece, en el interior del poema, su propia, quizás inédita, red de relaciones. De esta foma trazan, dinámicamente, un camino que pretende ir *más allá*, que se aleja de usos tradicionales y exige una tensión comprensiva porque, como dice Guillermo de Torre se corresponde con un «teorema en el que se salta sin intermedio desde la hipótesis a la conclusión». Un año antes, en *Nosotros,* Borges había sintetizado los principios que

---

[9] Cfr. Robert Gurney, *La poesía de Larrea,* Bilbao, 1985.
[10] Cfr. A. L. Geist, *La poética de la generación del 27,* ob. cit.

constituyen el movimiento con rotundas y significativas afirmaciones. Y estas son:

1) Reducción de la lírica a su elemento primordial: la metáfora.
2) Tachadura de las frases medianeras, los nexos y los objetivos inútiles.
3) Abolición de los trebejos ornamentales, el confesionalismo, las prédicas y la nebulosidad rebuscada.
4) Síntesis de dos o más imágenes en una que ensancha así su facultad de sugerencias. Los poemas ultraicos constan, pues, de una serie de metáforas, cada una de las cuales tiene sugestividad propia y compendia una visión inédita de algún fragmento de vida.

Evidentemente, estos postulados se condensan en: búsqueda de la imagen (acertadamente lo señalaba J. R. Jiménez cuando afirmaba: «El ultraísmo es la imagen por la imagen») y renovación tipográfica.

La valoración de la imagen supone para Gerardo Diego un importante proceso de renovación que reflejará, de forma excepcional, en *Manual de espumas* como culminación y que precisa teóricamente distinguiendo cinco tipos de imagen:

1) Imagen, esto es, la palabra. La palabra en su sentido primitivo, ingenuo, de primer grado, intuitivo, generalmente ahogado en un valor lógico de juicio, de pensamiento...
2) Imagen refleja o simple (la estudiada en las retóricas).
3) Imagen doble (los creacionistas la prodigan constantemente).
4) Imagen triple, cuádruple, etc. El creador... em-

pieza a crear por el placer de crear (poeta-creador-niño-dios), no describe, construye...
5) Imagen múltiple. No explica nada; es intraducible a la prosa. Es la Poesía, en el más puro sentido de la palabra. Es también, y exactamente, la Música... todo valor discursivo, escolástico, filosófico, anecdótico y esencialmente ajeno a ella. La música no quiere decir nada [11].

Se trata de una formulación sumamente significativa porque, como digo, el poeta está señalando teóricamente el entramado técnico de su creación. Además de marcar su concepción de la Poesía.

Asimismo, en *Poesía y creacionismo de Vicente Huidobro* [12], realiza Gerardo un análisis de las aportaciones del poeta chileno y, desde su poesía, elabora unas formulaciones teóricas que pueden sintetizar las aportaciones de una época de creación. Primero resume en tres etapas la lírica de Huidobro y, con ello, individualiza un proceso no sólo de creación personal sino el posible camino de todo un movimiento.

1. Hasta *Tout à coup* que representa el creacionismo «en su estado puro, en su etapa clásica»;
2. 1925-1931 *(Altazor-temblor de cielo)* reflejo del «arte distinto».
3. Después de unos años de preocupación político-social desemboca en esta etapa de construcción de libros de hondo lirismo, de «emoción preferentemente trágica, angustiosa, neorromántica, pero en el fondo

---

[11] G. Diego «Posibilidades creacionistas», Madrid, Cervantes, octubre, 1919. Lo cita Guillermo Díaz Plaja en *Estructura y sentido del Novecentismo español,* Madrid, Alianza Universidad, 1975.

[12] En *Crítica y poesía,* cit.

siguiendo el método creacionista, aunque ya en libertad expresiva, a medias confidencial, íntima, acercándose en el aspecto exterior al expresionismo sobrerrealista. *Ver y palpar, El ciudadano del olvido* y los *Ultimos poemas* son, sin duda, lo más humano y conmovedor que escribió Vicente Huidobro».

A continuación destaca Gerardo Diego los diferentes elementos que constituyen la poética creacionista:

a) el juego autónomo de los elementos constitutivos del poema; *b*) búsqueda de lo absoluto o de acercamiento a la validez universal, sin que deba nada a la importancia o sugestión sentimental del motivo; *c*) juvenil descuido de la belleza lingüística, rítmica y retórica; y d) uso de paranomasias, metátesis, descoyuntamientos, creación de palabras por intercambio de sílabas y fonemas, caprichos y malabarismos.

Diego añade como condición creacionista exigir fe en la poesía «que puede llegar a ser tan intensa que se crea en ella por sí misma, en la posibilidad de su existencia, de su fundación, de su resolución y remate en completa autonomía». Además, como punto fundamental, para que exista un «poema creado» es necesario que tenga «a través de su aparentemente disparatada conexión de imágenes y de palabras una capacidad objetiva de emocionar a varios lectores, a un solo lector, y de emocionarle con el mismo "color" de emoción y exactamente en los mismos pasajes del poema que le hicieron sentir la emoción primigenia al poeta, para que estuviera ya demostrada la comunicabilidad de la creación poética y de resultado positivo en boca del poeta con verdadera fe».

Asimismo es importante la síntesis que Cansinos-Assens realiza en *Cosmópolis,* Madrid, 1, 5, mayo de 1919[13] del creacionismo: «Las imágenes líricas están creadas del todo por la visión interior del poeta; no son una amalgama de elementos reales, alterados caprichosamente por la voluntad creadora. (...) Se ha prescindido de todo nexo lógico, aún más atrevidamente de como lo hiciera Mallarmé. Los pájaros beben el agua de los espejos, las estrellas sangran, en el fondo del alba una araña de patas de alambre teje su tela de nubes. Una lluvia de alas cubre la tierra en otoño. Son imágenes creadas, cuya representación viva no hallaríamos en la realidad. Son la verdadera imagen, que ya presintieron los prerrafaelistas, al establecer la distinción entre la imaginación y fantasía, atribuyendo a la primera la facultad creadora y a la segunda sólo el poder de transformar las reminiscencias.»

Historial de un libro

Hasta aquí notas de un contexto teórico, afirmaciones de gran repercusión que subrayan, por un lado, la preocupación teórica de unos creadores, así como la exactitud de sus afirmaciones y, por otro, sobre todo, nos permite conocer la participación de Gerardo Diego. Por eso decía, páginas atrás, que Gerardo Diego se sumerge plena y entusiásticamente en la atmósfera vanguardista de un inquieto tiempo de creación. No sólo construyendo una lírica, sino también, fundamentando, en distintos escritos, unas precisiones teóricas de extraordinaria importancia para, por un lado, comprender una difícil etapa y para, por otro, poder captar en su globalidad su propio quehacer poético. No cabe duda de lo acertado de sus definiciones.

---

[13] Reproducido en R. de Costa, *Vicente Huidobro y el creacionismo,* cit.

Retomo sus *Versos escogidos* para apuntar algunas notas de las líneas que preceden a su selección. Primero *Evasión* y entre paréntesis las fechas de su composición (1918-1919). Y enseguida, unas palabras explicativas que resumen, en el breve historial de un libro, una época, así como una actitud de ruptura que el poeta considera mal interpretada. En primer lugar señala que el título, entonces, en 1919, significaba la aceptación de un importante compromiso. Comportaba una huida-evasión de cualquier cortapisa de forma o de contenido en búsqueda de libertad, pretendiendo una inevitable ruptura con lo establecido. De esta manera, y aunque se trata de una exigencia que percibía ya desde 1918, subraya que comparte uno de los más importantes postulados ultraístas (y creacionistas), el de renovar la materia lírica rechazando el agotamiento de poéticas que les precedían inmediatamente. Por eso, entre otras razones, considera *Evasión* como «su libro ultraísta», porque lo escribió con el propósito de ir más allá.

Son unas afirmaciones rotundas, síntesis de una etapa y ejemplificadoras de una actitud que Gerardo Diego precisa advirtiendo que *Evasión* es sólo «el título de la primera parte de las tres del libro *Imagen (poemas)* de 1922». «Pero se trataba de una experiencia distinta incluso por la presencia de la puntuación y, sobre todo, por su carácter transicional hacia la plenitud más consciente del "creacionismo" de las partes segundas y tercera.» En su opinión un poema prólogo lo aclara todo incluyendo la «agilidad técnica» aprendida en Valle-Inclán, se trata de

> Salto de trampolín
> De la rima de la rama
> brincar hasta el confín
> de un nuevo panorama

En efecto, del poema podemos recabar una serie de interesantes notas. Primero señalar su carácter de poética, cierta intencionalidad de manifiesto que individualiza algunas de las certezas líricas del autor. Por ejemplo, la flexibilidad no sólo de la rima sino incluso de los postulados marcados por la vanguardia. En este cauce, la apelación al «corazón maduro» que hará Diego en estrofas sucesivas me parece una nota esencial de una poesía que se aleja del cerebralismo, sin rehuirlo, para reflejar vivencias e intensas emociones, con una recta distinción de ciertas pretensiones teóricas de Huidobro. Será una característica de Gerardo Diego evidente en toda su producción. Por último algo a lo que ya he aludido, la apelación a la música como auténtica nota distintiva de su quehacer poético y de sus concepciones líricas.

> Y un asirse y plegarse
> a la música hermana
> para bien orientarse
> en la libre mañana

La música, como ineludible experiencia personal que se refleja en una elaboración técnica y, sobre todo, en una concepción del poema como equilibrio de fondo y forma, como íntima y excepcional armonía. En el libro hay además como lema también de extraordinaria significación, unos versos de Juan Larrea:

> Mis versos ya plumados
> aprendieron a volar por los tejados.
> Y uno sólo que fue más atrevido
> una tarde no volvió a su nido.

Escrito entre 1918-1921 *Imagen (poemas)* aparece en 1922. «El libro, tal como estaba integrado entonces, y tal como se imprimió, constaba de tres partes.

Imagen múltiple y *Estribillo* eran los que seguían a *Evasión*. En la intención del autor eran «ya poesía creada» como si la hubiese escrito toda después de apasionarse por la poesía de Vicente Huidobro o después de largas conversaciones con Larrea[14] compartiendo tantas inquietudes. En la parte primera en *Imagen múltiple* destaca un poema, «Gesta», que considera una biografía, ahora bien «transpuesta a imágenes más o menos irracionales». Es decir, con una dificultad de comprensión que determinó el rechazo de unos, mientras que otros supieron captar la emoción que empapa el poema, «aunque en algún momento la rapidez de las transacciones pudiera llegar a marearlos».

Y entre los receptores que le expresaron su emoción, que compartieron con él «la sangre que me cos-

---

[14] La amistad entre Juan Larrea y Gerardo fue decisiva. Compartieron años importantes de formación así como certezas poéticas y proyectos. Gerardo Diego ha señalado, a menudo, la influencia que Larrea tuvo en sus comienzos. En unas «Precisiones sobre Larrea» publicadas en *Arriba* el 10 de junio de 1971 escribe: «En cuanto a mí, le debo como he dicho, una ayuda importantísima en mi formación poética, literaria y espiritual.» E insiste: «Larrea era poeta desde por lo menos 1912 cuando yo lo conocí, y no soñaba serlo. Desde entonces y sobre todo a partir de 1915 su influjo sobre mi formación fue decisivo y siempre creciente a lo largo de diez años y nuestra amistad no ha conocido eclipse alguno.» Para el poeta vasco también fue importantísima la amistad porque Diego se convirtió, como es sabido, en el mejor editor de su obra. Incluyó poemas en su revista *Carmen* y en su antología de *Poesía española;* se empeñó siempre en que Larrea publicara su creación e incluso cuando se editó *Versión Celeste* en 1970, en castellano, tradujo Gerardo algunas de las composiciones originalmente escritas en francés. Cfr. el importante texto de Robert Gurney, *La poesía de Larrea,* Bilbao, 1985, donde se lleva a cabo una interesante interpretación de la obra creativa del poeta vasco y además, se anota una densa bibliografía. Destaquemos también el texto de AA.VV., *Al amor de Larrea,* Valencia, 1985.

taron», un destinatario de excepción: Antonio Machado, al que Gerardo Diego le dedica «Angelus» y que escribe en *La voz de Soria* un comentario con el título de *Gerardo Diego poeta creacionista:*

> El libro *Imagen* de Gerardo Diego es el primer fruto logrado de la novísima lírica española. Acaso Gerardo Diego no nos da en esa obra la medida de su talento. Más vale así. El libro es bello y, además, nos deja con la esperanza de otro mejor. Por mi parte sólo quiero anotar esto: un joven poeta se ha escapado de la oscura mazmorra simbolista. Hay en este libro una marcada tendencia hacia la objetividad lírica...
> ...Mas en el libro *Imagen* de Gerardo Diego, donde acaso sobran imágenes, no falta emoción, alma, energía poética. Hay además, verdaderos prodigios de técnica y, en algunas composiciones, una sana nostalgia de elementalidad lírica, de retorno a la inspiración popular. Estas dos notas aparentemente contradictorias, son señales inequívocas del trabajo de tanteo y exploración del joven poeta...

Quizá sobren imágenes, quizá todavía el poeta Gerardo Diego no domine plenamente su expresión, pero no cabe duda de que Machado acierta porque las notas esenciales de *Imagen*[15] son, en mi opinión, la «energía lírica, es decir, la tensión emocional y con

---

[15] Enrique Díez Canedo afirma que a Gerardo Diego se le debe dar la denominación específica de creacionista en vez de ultraísta ya desde *Imagen*, donde advierte una evolución y un resultado último que radica en «una sugestión de sentimientos generales que llegan a producir un vago estado de ánimo semejante al que causa la música». Sugiere —añade— «una determinada emoción, una síntesis de sentimiento, como la que produce la música». Cfr. Enrique Díez Canedo, «Tres poetas», en *El Sol,* Madrid, 26 de mayo, 1922, recogido por Arturo del Villar en *Gerardo Diego,* Madrid, 1981.

ella una técnica prodigiosa», que elimina la puntuación, dispone los versos a través de espacios en blanco o rupturas de enorme eficacia visual o utiliza con gran maestría los recursos métricos tradicionales en búsqueda, sin duda, de «elementalidad lírica». Podíamos destacar un poema: «Rosa mística»: unos versos entre otros muchos de inusitadas sugerencias: *«La abuela junto al tiempo / rezaba su rosario de nietos»;* una imagen: *La vida es un único verso interminable;* o leer «Gesta» «una biografía» de compleja estructuración donde se superponen las imágenes en armonía o en antítesis con un ritmo rápido y donde se evocan recuerdos o se reconstruyen sueños. Y con ello ratificaríamos lo que el propio poeta ha escrito en el poema «Creacionismo» de *Evasión* como estímulo para forjar una palabra distinta. La anterior estaba gastada, fruto del descanso del sábado el creador la recibía ya hecha pero, ahora, es imprescindible «superar la pereza» y para conseguirlo insta a los creadores, a sus compañeros en la apasionante aventura innovadora:

> Hermanos, superemos la pereza
>
> ....
> ... Hagamos nuestro Génesis.
> Con tablones rotos,
> con los mismos ladrillos,
> con las derruidas piedras,
> levantemos de nuevo nuestros mundos.
> La página está en blanco.
> «En el principio era...»

De acuerdo con las líneas de este manifiesto lírico, tan próximo a otros que ya he citado páginas atrás, otro libro, *Limbo,* de 1919-1921. El título lo toma de un poema que envía a la revista *Grecia* y pone de manifiesto «un poquito de guasa». Considera que él y sus compañeros ultraístas estaban, de alguna manera, en el limbo. Sin embargo le parece que la poesía y la vida toda necesita siempre «un poco de aislamiento, de protección», necesita «una atmósfera envolvente y aterciopelada o materna». Ahora bien, estar en el limbo podía ser una actitud compartida por un grupo de creadores, podía ser una manera de reaccionar frente a las presiones de un tiempo concreto, pero nunca implicaba una ausencia de verdadero compromiso ni mucho menos significaba un alejamiento de una auténtica problemática humana. Por eso, destaca en los poemas de *Limbo* «mucha seriedad y en algunos hasta emoción trágica». En contrapartida, Gerardo Diego hace una referencia al ultraísmo con agudeza pero, claro está, muchos años más tarde, cuando el tiempo y otras experiencias permiten una conclusión distante. Entonces puede señalar que el limbo de los ultraístas era «de credulidad infantil» lo que le permite constatar que «en rigor estos poemillas de *Limbo* no son ya ultraístas, salvo el destino de publicación en sus órganos. Son decididamente, voluntariamente creacionistas. Quieren serlo al menos».

Su voluntad de creacionismo se cumple, sobre todo, en la demostración de un extraordinario dominio de la materia poética, las palabras surgen y configuran imágenes precisas, construidas con exactitud arquitectónica apoyadas visualmente en una eficaz disposición tipográfica. Elijamos, por ejemplo, «Ajedrez» [16].

El poeta como sujeto del poema expresa una rotunda certeza: la vida es un —dramático— juego de ajedrez. Desde el título, imagen primordial, se suceden una serie de certidumbres que conducen a una conclusión. *«La muerte y la vida/ me están/ jugando al ajedrez.»* Las pausas remiten, subrayando, a la exis-

---

[16] Cfr. Gerardo Diego, *Poesía de creación*, Barcelona, Seix Barral, 1974.

tencia de un espacio temporal entre ambos polos antitéticos. Además, se destaca una estructura armónica, el título sugiere un tema que se desarrolla a lo largo del poema y en la última estrofa se produce una aclaración en forma de conclusión que adquiere casi un tono de sentencia, permitiéndonos captar la globalidad del significado. Pero he calificado el juego de dramático. En realidad, el poema presenta una enorme contención emocional, sin embargo se suceden los elementos negativos: poemas = epitafios; el piano se ha cariado. Sin embargo, *«todavía del paracaídas / llueven los cánticos».* No cabe duda de que el poema transmite una honda emoción fundamentalmente gracias a la ausencia de términos específicamente dramáticos y, sobre todo, al tono reflexivo adoptado lejos de cualquier exceso sentimental. A este tono de meditación contribuye el carácter autobiográfico, el poeta habla de sí mismo y afirma:

> Debajo de cada cuartilla
> siempre hay un poco de mis huesos.

Es cierto, Gerardo Diego proyecta siempre vivencias auténticas, subjetivas emociones, sea cual sea la materia lírica donde las refugie. Aunque ésta, a veces, haya pretendido, como postulado teórico, un controlado intelectualismo. Y ha conseguido esta proyección, «con una palabra juvenil, aventurera y arriesgada, una palabra sin gastar, superficial y despreocupada, disponible y alerta, cuya aparente agresividad imaginista encubre un fondo de timidez sentimental».

De acuerdo. Aún más. Esta palabra que vela la inmediatez de las emociones logra —siempre en opinión de Vivanco— un «distanciamiento artístico» y en algunas situaciones incluso una «enajenación significativa». Pero además consigue una imagen aislada de mayor calidad que el resultado global del poema y que, precisamente por su multiplicidad no importa que carezca de preocupación trascendental. De alguna manera el poema se estructura en imágenes sueltas que se vinculan entre sí gracias al ritmo musical que, sin ninguna duda, es un elemento clave del poema[17].

La imagen múltiple de «Manual de espumas»

En 1924, su experiencia vanguardista culmina en *Manual de espumas,* un excepcional libro, donde el poeta elabora una materia lírica basada en la imaginación creadora. Es decir, se distancia de la realidad aparente y construye palabras en imágenes válidas porque establecen en sí mismas una red compleja de sugerencias sin referentes inmediatos y cuyo punto de partida es un estado de ánimo, la exigencia de proyectar sentimientos, emociones imprecisas, sueños que se entrecruzan en la página en blanco determinando sus propios ecos, sus propias resonancias, porque surgen con su entidad propia, y se funden en un conjunto orgánico de afinidades y contrastes hasta constituir una entidad nueva que si refleja un control intelectual evidencia, asimismo, una aguda sensibilidad. El poeta pretende, de alguna manera, lograr un equilibrio entre inteligencia y sensibilidad para distanciarse tanto de la emoción inmediata como de la escueta visión racional en búsqueda de una total ruptura o de un lirismo esencial.

El principio es una palabra o una imagen. A continuación secuencias de palabras o secuencias de imá-

---

[17] Cfr. Luis Felipe Vivanco, *La palabra artística y en peligro de Gerardo Diego,* en *Introducción a la poesía española contemporánea,* I, Madrid, Guadarrama, 1974.

genes que se relacionan entre sí por su semejanza o sus contradicciones. Se configuran así asociaciones o disociaciones en contraste o en armonía sostenidas en un entramado de ritmos musicales. De esta forma se unen realidades distintas convirtiéndose en una doble imagen que, a veces, se superponen eliminando de una aspectos de la otra. Asimismo se funden imágenes heterogéneas en sorprendentes nuevas comparaciones y metáforas como reflejo de una extraordinaria libertad técnica e imaginativa. Por ejemplo un poema excepcional: «Otoño».

Como es usual, un título sumariza el contenido del poema y contribuye, con una eficacia sorprendente, a construir una atmósfera que remite a una situación emotiva de desaliento, de tristeza. Además especifica un tiempo concreto. Y de inmediato la primera, magistral, imagen marca asimismo una impresión temporal, mientras subraya el sentimiento de desaliento que preside todo el poema centrado en la temática amorosa. Las imágenes arbitrarias surgen a través de las repeticiones: Mujer... Mujer... Mujer... y el reloj de los vientos... El reloj de los vientos..., estableciendo unas complejas relaciones hasta construir un poema compacto donde las imágenes fragmentadas poseen una relación significativa que gira en torno a dos núcleos esenciales.

1) Invocación a la mujer de la que se describen cualidades psíquicas y físicas con imágenes irracionales, donde podríamos destacar el valor de la mirada bajo cuya atracción sucumben las mariposas «distraídas» o sugestionadas y cuya ausencia de luz obscurece las estrellas.
2) El elemento temporal. Distintos signos remiten denotativamente al tiempo: otoño/ horas/ ayer/ antigua/ reloj/ atardecer/ horas... y en

perfecta simetría surgen términos cuya connotación más inmediata es también de ámbito temporal: amarilla/ pájaros pascuales/ advientos/ puntual...

Las imágenes se suceden con un ritmo rápido y en ellas se aproximan las cosas más diversas dentro del área de lo concreto, y de lo abstracto, fragmentando la realidad que pierde sus connotaciones lógicas aunque gana, debido a estas aproximaciones, en intensidad expresiva. Se retoman elementos tradicionales pero se desarrollan con gran originalidad en un proceso denso de transformación que las carga de irracionalismo y determina un ámbito de sugerencias que el lector capta, por su enorme fuerza imaginativa, aunque no pueda transferirlas al mundo de significados lógicos. Se trata de un requerimiento amoroso, teñido de desaliento, que concluye en una súplica: «*Mujer en donde nacen las abejas / que fabrican las horas (...) Abre tu cabellera (...) que vacía y sin muebles / mi colmena te espera.*» Dos elementos: abejas / colmena pertenecientes a un mismo ámbito de significación ratifican la unidad del poema, estableciendo eslabones entre las distintas imágenes, en un mecanismo técnico varias veces usado en *Manual..* Así, por ejemplo, en *Adiós*. La correspondencia se establece entre la primera y la última estrofa a través de elementos lingüísticos

a) idénticos: bajar y sombrero
b) distintos: luna-nieve, coronarme-bendecirme

En «Nubes» la simetría se establece entre la tercera estrofa: «*Yo pensaba en los lechos sin rumbo siempre frescos / para fumar mis versos y contar las estrellas*» y la penúltima: «*Yo fumaré mis versos y llevaré mis nubes...* Se trata de un complejo poema extenso que globalmente transmite un tono de dolida nostalgia apuntalada en una serena meditación. La reflexión está subrayada por la presencia explícita del sujeto que afirma: *«Yo pensaba en mis nubes... Yo pensaba en los pliegues...»* La evocación parte, y con ello creo que marca el tono de añoranza, de una situación presente donde el poeta se siente "pastor de bulevares"... e instalado en la ciudad deja que divaguen por su imagen sus "corderos escolares". Es una imagen de infancia que en «Nieve» surge también teñida de nostalgia, aunque aquí el adjetivo escolar califica a «árbol». Se suceden otras imágenes coincidentes que aclaran las anteriores. Pero previa una afirmación rotunda: *todo había cesado,* seguida de términos positivos que parecen pertenecer a un pasado más feliz. Y entre estos las nubes que dan título al poema y que son, sin duda, una experiencia alegre: *Yo pensaba en mis nubes / olas tibias del cielo / que buscan domicilio sin abatir el suelo./* Cierra este bloque de imágenes sucesivas y concordantes una nueva afirmación que parece no admitir paliativos: *todo es distinto ya.* A continuación las imágenes se concatenan en discordancia remitiendo a una simultaneidad de sentimientos de alegría y tristeza para finalizar retomando una actitud positiva de reanudación vital.

Además, el poema titulado «Adiós» establece dentro de *Manual* una interdependencia con «Otoño» en la globalidad significativa. Quiero decir que se trata también de un poema amoroso. No sólo sino que además coincide en reflejar sentimientos de desilusión y tristeza. Partiendo, de nuevo, de la importancia decisiva del título para la comprensión global del texto, las imágenes se suceden con marcada negatividad. En efecto, es la negación la que se repite a lo largo de todo el poema de forma explícita o reclamando aspectos negativos como: olvido - marchitar - arrugar -

alejarse lenta sobre tu propia vida - caer el sol - frutas podridas... De nuevo la invocación a la mujer que se evidencia aún más gracias a que el término lingüístico aparece destacado tipográficamente en este poema, por dos veces ocupa un solo verso, y la segunda vez se desplaza al margen derecho, así como inicia y cierra estrofa explicando el contenido del poema. Se trata, como en tantas otras ocasiones, de un centro emocional que otorga unidad al conjunto de imágenes múltiples que organiza la percepción sensorial inmediata y diversa.

Dentro de esta correspondencia que estoy señalando en un mismo poema o entre las distintas composiciones que conforman *Manual*, me gustaría señalar la reiteración de melena / cabellera. Así, en «Otoño» connota una situación positiva, la invocación a la mujer desemboca, como ya he señalado, en una súplica de que despliegue su *cabellera origen de los vientos* y esta apertura cumpliría los anhelos del poeta. Se trata de un procedimiento que descompone un todo en sus partes, cabellera-mujer en una fragmentación que se repite, por ejemplo, en «Bahía», un poema donde se evoca Santander a través de sensaciones de cielo y de mar hasta construir, desde el impacto vivencial, un paisaje subjetivo, en un proceso inverso que va, según D'Arrigo desde las «immagini create, sensazioni da cui son sorte, paesaggio che ha generato le sensazioni». Pues bien, en el centro del poema aparece la mujer citada mediante su «melena enmohecida» inmersa en ese contexto marino:

> Por eso
> y con un ruido que no es el de otras veces
> en la bahía ha anclado
> tu melena enmohecida
> violín para los peces
> y para los suicidas

Y al final se repite como una clara sinécdoque de gran impacto y eficacia:

> Tu cabellera gime sin poder levar anclas

Mientras en «Hotel» la imagen surge con carácter especificativo y el sujeto del poema recuerda haber visto *mujeres de rizos calcinados.*

Asimismo, y como repetición significativa, quiero destacar, entre otras muchas, la de nido con el que en «Bahía», la composición mencionada, se dibuja una imagen de gran belleza

> El humo de la fábrica
> hizo su nido en mi tejado.

Un recurso habitual en *Manual de espumas* es la disgregación de la realidad mediante imágenes que entre sí no poseen ninguna relación significativa. Son imágenes autónomas que ofrecen una enorme riqueza metafórica pero que, en contrapartida, plantean una dificultad comprensiva, sobre todo, porque se apoyan en una disposición del material poético muy distinta a la tradicional fusión de forma y contenido. Sin embargo, Gerardo Diego, usa ritmos y formas de la tradición pero los elabora de manera tan personalísima que rompe con los elementos convencionales, dándoles una nueva dimensión, una nueva validez, que los distingue de la norma habitual y exige una muy diferente lectura interpretativa. Realiza una selección excepcional buscando las posibilidades expresivas de una palabra respecto a otra, así como destaca la capacidad de las palabras de acumular elementos de la realidad hasta establecer, dada su riqueza connotativa, una compleja serie de sugerencias. En esta línea, se preocupa por la colocación de las palabras, por sus valores fónicos, rítmicos en un denso proceso de elaboración que permite recabar de cada palabra inagotables matices. Presenta una realidad objetiva aunque rompe la lógica de sus connotaciones. Por ejemplo, en el poema «Aldea», la realidad se fragmenta en una multiplicidad de elementos que constituyen el mundo objetivo resumido en el título: campanario - corderos luceros - organillo -tren -grillo - pastor - cabaña - molino - vacas -establo - gallo - estrellas - caballo. Ahora bien, sobre el código denotativo carga una densidad de significaciones debido a la aproximación de cosas diversas, a la unión de lo concreto y de lo abstracto, gracias al establecimiento de unas complejas relaciones de las palabras entre sí hasta lograr un cambio de los significados semánticos convencionales construyendo una imagen emblemática que remite a subjetivas vivencias.

Hablaba de lirismo integral y de cómo se huye de lo anecdótico y descriptivo. Creo que el poema «Novela» puede ilustrar este aspecto. El título nos remite a un concreto género literario que, tradicionalmente, se atiene al relato de hechos y a aspectos descriptivos. Bajo este presupuesto, Gerardo Diego plantea un «caso policiaco» en un entramado de imágenes quizá absurdas impregnadas por un juego de sutil ingenio.

El juego se entabla en el plano interpretativo entre palabras como dice D'Arrigo, «discordanti nel senso, tra sostantivi sorti uno dall'altro, talora in lunga serie, solo in virtú di una parentela fonetica. In più di un caso pare che l'evocazione di una parola rechi con sé tutto il mondo di vocaboli (anche riguardo ai moduli espressivi) che l'accompagnano per antica consuetudine poetica. E'come un gioco in cui dadi destinati a comporre una data figura si ritrovano tutti; ma l'ordine di essi è stato accortamente mutato e realizza tutt'altra immagine»[18].

Es evidente, el poeta nos ha dado todos los datos para atraparnos en una «historia» de policías y ladrones, ahora bien los ha incorporado, mediante inusitadas aproximaciones, a un entramado de esencialidad lírica que les otorga un alto grado de irracionalismo. Además establece un complejo orden que, próximo a esquemas musicales responde, por la extrema habilidad del autor, a una exigencia íntima de equilibrio.

Por todo ello es acertada la definición de Vivanco cuando atribuye a la palabra de Gerardo Diego la cualidad de «imaginista pura». Y me parece asimismo correcto cuando añade que la nueva «materia imaginista» procede aún de otra materia, sentimental, anterior que la palabra desea conservar. No sólo hay, ineludiblemente, una continuidad, en distinta vibración, sino que, por ejemplo, si en sus primeras experiencias pre-vanguardistas o de poesía relativa se advierten ecos de Rubén o de Juan Ramón, de Machado o de Bécquer, en *Manual de espumas* esta huella permanece pero sufre una transformación lírica porque se incorpora a una distinta materia.

Es indiscutible que Gerardo Diego sigue manteniendo su admiración por Bécquer. Y como homenaje, escribe una «Rima». La primera nota que destaca es la disposición tipográfica que de acuerdo con la postulación creacionista denota la búsqueda de una tercera dimensión de carácter plástico. Marca, dejando espacios en blanco entre las frases, su visionalidad con la intención sugerente de fundir el contenido del poema con su expresión material. Y aunque en *Manual de espumas* el uso de tipografía inusual no es tan

---

[18] Cfr. Miledda D'Arrigo, *Gerardo Diego il poeta di Versos Humanos,* Turín, 1955.

abundante como en libros anteriores, adquiere una considerable importancia, y un ejemplo válido es la «Rima» donde a la ausencia de signos de puntuación y la presencia de espacios en blanco se une una evidente musicalidad que suma el elemento auditivo al visual. Pero, sobre todo, a través de este recurso, centra el poema en su temática amorosa, ya que la palabra que se aísla es, por dos veces, el sustantivo *Amor*. Se trata de un tema, naturalmente, clave en Bécquer y que Diego recoge aceptando elementos tradicionales pero transformándolos en un distinto concepto de poema. Se alude al desdén de la amada y esta protagoniza una lírica desde su mirada, desde sus ojos. Una vieja y espléndida tradición apuntala esta presencia. Ahora bien, si la comparación ojos-sol responde a una constante literaria, la atmósfera donde estos se instalan, o mejor aún, las imágenes que desde los ojos van surgiendo demuestran lo insólito de una expresión, así como la fascinación y calidad de la poesía de creación de Diego.

La renovación es completa. La atmósfera del poema se tiñe de unas notas de melancolía y el fracaso amoroso se insinúa mediante la sugestión de las imágenes negativas que giran en torno a los elementos: *luz* (el sol se pone / ni la tarde es ya rubia / apaga la luna / enciende el sol); *agua* (tus ojos oxigenan los rizos de la lluvia / tus cabellos no mojan / no bebas tus palabras / ni viertas en mi vaso...). La acumulación de negaciones se intensifica por el uso de la antítesis luz / oscuridad que estructura todo el poema de forma paralela al elemento líquido que logra su máxima tensión en el adjetivo —amargo— que califica ojeras. Y la amada y la naturaleza se intercambian cualidades: la lluvia cae o posee rizos, la tarde, alguna vez, fue rubia, la mañana se pone morena, etc. A través de una secuencia de imágenes de eficaz sugestión se delinea, con la presencia de un tú evidente, una dolida —amarga— historia de amor y se insinúan los datos de un proceso determinando un impacto en el receptor que comparte una emoción, la intensidad de un sentimiento reflejado gracias a la extrema conceptualización de elementos ya dados en la tradición y que se reinterpretan creando una nueva realidad. Esta intelectualización se consigue, en palabras de Arturo del Villar «proyectando una realidad sensorial bien conocida en una realidad intelectual que le facilita la visión reconcentrada y totalizadora de las imágenes. El sujeto es también el objeto, la amada es una realidad física y psíquica a la que el poeta contempla en una perspectiva polivalente».

Sin obedecer a la lógica, sin describir una situación, con una enorme concentración y brevedad, se llega a una «conceptualización de imágenes con resonancia clasicista, acumulándolas a la manera barroca para que los variados adornos recubran la idea principal»[19]. Y desde la imagen múltiple se posibilitan distintas interpretaciones que enriquecen, sin duda, la realidad.

Asimismo, en el primer poema, surgen las *golondrinas que van y vienen / doblando y desdoblando esquinas* transmitiendo una impresión de reiteración que se suma a distintos elementos que remiten a una noción temporal.

Primero el título: «Primavera» se trata de un enunciado que sumariza el texto ofreciendo una clave interpretativa fundamental. Se trata, además, de una imagen primordial que encadena otras. Marca un con-

---

[19] Cfr. Arturo del Villar, edición de G. Diego, *Ángeles de Compostela* y *Vuelta del peregrino,* Madrid, Narcea, 1976, y *La poesía total de Gerardo Diego,* Madrid, Los libros de Fausto, 1984. Se trata de textos fundamentales para el análisis de la poesía de Gerardo Diego por la recopilación de material sobre el poeta así como por los acertados juicios críticos.

creto tiempo y, a continuación, dos adverbios *Ayer / Mañana* y entre ellos un significativo espacio en blanco como representación del tiempo que transcurre. Después se califica a los diversos *días* de *niños* en una nueva apelación temporal. Y las *golondrinas* subrayan en su ir y venir una constante que como tal, se repite todas las primaveras. A la vez, sugieren una nueva imagen: el *nido*. Ahora bien, en relación con este aparece la imagen contrastiva, creacionista, apelando a una distinta realidad: el nido se ha construido en *la más bella grúa* (realidad industrial) desde donde los poetas de ayer: *violadores de rosas / gozadores perpetuos del marfil de las cosas* pueden, también, entonar una canción de entusiasmo vital. Las secuencias de imágenes se distribuyen primero por su semejanza, y constituyen un bloque de significación compacto al que se superpone una distinta secuencia que, estableciendo un contraste con la anterior, remiten a una realidad imaginativa sumamente enriquecedora. Se funden imágenes heterogéneas, a través de una palabra imagen, nido, y como conclusión de los periodos de imágenes agrupados en verso, se retoma el título ratificando su carácter de génesis y explicación del poema. Se retoma, pero se amplía, de forma extraordinaria, su capacidad de sugerencias:

> La primavera nace
> y en su cuerpo de luz la lluvia pace

Se trata de esa técnica usual en *Manual de espumas* que ya he comentado. Por un lado títulos que se comportan como imagen primordial del poema y cuya función parece ser doble, explicativa del contenido y en consecuencia, contribuyente a determinar una mínima exigencia unitaria. Por otro, marcando esta voluntariedad unificadora, la imagen prioritaria surge en el título o al principio del poema y se reanuda como conclusión, enriqueciendo siempre el ámbito imaginativo, creando nuevas realidades a la vez que establece una construcción armónica. A pesar de que acabo de aludir a una exigencia de equilibrar los distintos elementos que configuran el poema, creo que es necesario precisar que obedece más a un deseo de organizar la materia lírica armónicamente que a lograr una unidad o remitir a un posible hilo argumental. Por eso puede ser correcta la opinión de Vivanco cuando afirma: «la poesía no reside en el poema como forma final, sino en sus imágenes sueltas» y como ejemplo reproduce «Paraíso» uno de los poemas «más logrados del libro» así como más repetidos por la crítica[20]. Para Vivanco «la afirmación vital gozosa que se manifiesta en esta composición es inseparable del arte poético que expone su autor». Y esta afirmación se debe a que el crítico individualiza como una de las principales características del mundo creacionista de Gerardo Diego: «la fusión de lo existencial con lo estético, con evidente predominio de lo segundo sobre lo primero». La conclusión de Vivanco es asimismo válida y nos sirve para subrayar importantes aspectos.

Primero señala el lugar de excepción que le corresponde a Diego dentro de su generación, por su poe-

---

[20] De este poema Francisco Javier Díez de Revenga en su artículo «Ultraísmo, creacionismo y ¿surrealismo?», en *Gerardo Diego,* Los cuadernos del 27, I, 1985, parcialmente incorporado a su edición de *Ángeles de Compostela* y *Alondra de verdad* (Madrid, Castalia, 1986) hace un comentario destacando importantes aspectos técnicos. Por ejemplo señala con el predominio del heptasílabo la total irregularidad del verso que se corresponde con la irregularidad de pensamiento. No hay pérdida del sentido rítmico como sucede a menudo en la poesía de Diego, que quiere hacer del verso, en todo momento, «algo fundamentalmente musical» como por otro lado la música es eje del poema donde se incita a *Danzar / cautivos del bar...*

sía creacionista profundamente renovadora y personal que la distingue de posturas poéticas sincrónicas y que sin caer en la mecánica del subconsciente inicia un camino de gran libertad con una enorme repercusión posterior. A continuación, Vivanco considera que la poesía creacionista de Diego que incluye *Poemas adrede*[21] y *Biografía incompleta* ha quedado aislada dentro de la propia obra del autor porque plantea un problema fundamental: requiere un receptor minoritario, mientras que la poesía de circunstancias se dirige a un público mucho más amplio. Gerardo, con un excepcional dominio técnico, con una capacidad inaudita para la creación de sustantivos o de rimas, sin renunciar a ningún posible destinatario, «ha querido ser dos poetas complementarios a la vez y ha creado dos obras paralelas: la que cuenta poéticamente por su planteamiento radical (creacionismo) y la que cuenta literariamente por su tratamiento artístico del tema objetivo, impuesto desde fuera»[22].

La poesía relativa: «Versos Humanos»

Dos obras paralelas, dos poetas complementarios o mejor aún, la riqueza de una obra lírica que presenta inagotables matices y sugerencias en su multiforme variedad. Esta cualidad de Gerardo Diego de crear mundos poéticos opuestos ha sorprendido una y mil veces al lector y ha confundido a la crítica que se ha lanzado a arriesgadas y no siempre afortunadas inter-

---

[21] Cfr. el magnífico trabajo de Gianfranco Di Stefano, «Clasicismo y creacionismo en los *Poemas adrede* de Gerardo Diego», *Prohemio,* V, 2-3, 1974.
[22] Cfr. L. F. Vivanco, «Gerardo Diego y su tercer mundo», en *Historia de las Literaturas Hispánicas,* Barcelona, Vergara, 1967.

pretaciones. En el prólogo a la *Primera Antología* intervenía en la posible polémica Gerardo Diego con un tono de disculpa no exento de ironía para señalar la atracción que ejerce sobre él la tradición y el futuro. Dos distintos caminos que él recorre con entusiasmo porque le encanta el arte nuevo, le vuelve loco el construir de nuevo para su uso personal la retórica hecha y, a la vez, con idéntico fervor se entrega al arte antiguo. Sin embargo reconoce el poeta la dificultad de comprensión de la poesía que define «absoluta o de tendencia a lo absoluto» y esto implica que ocupe dentro de su obra menos espacio pero en modo alguno, significa que sea menos humana. Sí, hay en estas notas que estoy comentando una clara intención de matizar opiniones críticas que Gerardo considera injustas, o al menos, inexactas. Por eso subraya la «acumulación y hondura de experiencia vital» que late en «Gesta» en «Nubes» en «Quien sabe», poemas donde es intensa la proyección de íntimas vivencias, así como destaca la *Fábula de Equis y Zeda,* un poema complejo del que publicó un fragmento en *Litoral* de 1927, en el número 5-6-7 dedicado a Góngora. Esto indujo a la crítica a considerarlo como un divertimento gongorista. Sin embargo, para Diego comporta el ensayo de una nueva manera creacionista que, por un lado, acepta la tradición utilizando la sextina real, y por otro estructura el poema desde imágenes autónomas como una composición musical en tres tiempos. Así funde magistralmente vanguardia y tradición.

Me parece que las palabras del prólogo a la *Antología*[23] son sumamente clarificadoras de una actitud humana y poética y resuelven la posible antinomia de las dos líneas que, simultáneamente, recorren la poe-

---

[23] Cfr. *Primera Antología de sus versos,* Madrid, Espasa-Calpe, Austral, 1941.

sía global de Diego[24]. Su clasificación es válida y creo que no necesita más precisiones, por un lado *«Poesía absoluta* o de tendencia a lo absoluto»; esto es, «apoyada en sí misma, autónoma frente al universo real de que sólo en segundo grado procede». Los libros que se integran plenamente en esta intención los reagrupa el autor en una antología bajo el título significativo de *Poesía de creación*. *Manual* pertenece plenamente a esta línea, como *Versos Humanos* es el punto de partida de la *«poesía relativa»*, esto es, directamente apoyada en la realidad. Pero Gerardo había empezado a escribir versos de modo sistemático en 1918. Con las poesías escritas en este año y algunas que les precedieron selecciona *Iniciales* que apareció publicado en 1943 en el mismo volumen que *El Romancero de la novia*, aunque en 1941 en la *Primera Antología* había incluido algunas de estas composiciones que

---

[24] Dámaso Alonso examina estos dos caminos simultáneos, observa su unidad y los considera «caños de un mismo manantial». Porque «lo mismo el verso tradicional que el puro experimento lírico brotan humanamente del corazón, son voces diversas de una sola y total armonía», y cita al propio Gerardo: «Versos humanos, ¿por qué no / Soy hombre / y nada humano debe serme ajeno...» Cfr. D. Alonso, *Poetas españoles, op. cit.* Asimismo Debicki ha señalado la semejanza de procedimientos técnicos que existe entre la poesía de creación y la relativa. Diego toma —según el crítico— «rasgos estilizadores de su poesía absoluta y los aplica, de manera algo diferente, a su poesía relativa». Así evita el sentimentalismo por un lado, y por otro la creación algo irreal de *Imagen*. Cfr. A. Debicki, *Estudios sobre poesía española contemporánea*, Madrid, 1968. A este respecto, Eugenio de Nora, en su artículo «La obra de Gerardo Diego a través de su primera *Antología*», publicado en *Cuadernos Hispanoamericanos*, 4, 1948, agrupa la lírica de G. Diego en tres ciclos representativos. 1. *Poesía instintiva*, de adolescencia y juventud. 2. *Poesía de tendencia absoluta*, es decir, la específicamente creacionista. Y 3. *Poesía con forma tradicional*, en conexión con el modernismo o escrita en ritmos populares y sobre todo en la línea de la poesía renacentista y barroca española.

constituyen una etapa que él mismo ha definido como su «pregerardo antediego». Asimismo explica la polisemia de su título afirmando que *Iniciales* tiene una doble significación. «Versos iniciales de un poeta que empieza y también letras iniciales las de una persona querida que inspira algunos de ellos. Letras como para bordarse en cifra sobre un pañuelo en el bolsillo del corazón.»

Paralelamente a su experiencia de protagonismo vanguardista que ya he comentado, es decir, mientras colabora asiduamente en las revistas ultraístas y fundamenta críticamente aspectos del creacionismo, escribe y publica *El Romancero de la novia,* «un romancero de absoluta, purísima ingenuidad, a riesgo no siempre evitado de caer en lo cursi». Y sin embargo el poeta, conocido este riesgo, cuando lo prepara para la imprenta no lo elimina porque no quiere que «desaparezca ni un átomo de su candor aunque yo —añade— después de experiencias de poesía avanzada, hubiera podido mejorar la calidad de mi desnuda confesión». Como maestros reconoce a Enrique Menéndez y sus *Romances de una aldeana,* y los romances del primer Juan Ramón. Pero, sobre todo, una primera vivencia que actúa como primordial estímulo creativo, una experiencia amorosa de tristeza y alegría que proyecta en la intensa emoción de unos primeros poemas. «Fue mi primera ilusión amorosa y su final inesperado, desesperadamente catastrófico los que vividos en 1915-1916 me obligan a un desahogo sentimental y poético, ya aceptado lo irreparable, aunque siguiese siendo para mí incomprensible y todavía doloroso.»

Como especial crítica de este libro unas palabras de Antonio Machado que no individualiza diferencias ni antítesis en una obra de creación sino muy al contrario marca la coherencia que otorga la calidad.

Querido poeta: a mi vuelta de Madrid me encuentro en Segovia su amable carta y su obra *El romancero de la novia,* que leí anoche y hoy vuelvo a leer con deleite. Libro de adolescencia le llama usted, y yo diría sencillamente, libro de poeta. Dudo que en sus nuevos moldes creacionistas haga usted nada tan puro, tan claro, de una emoción tan viva. (...) Algo conocía de usted por la revista «Grecia» de la cual sólo dos números he leído. A mi entender, la poesía ha sido siempre creacionismo, y jamás otra cosa; pero no creacionismo ex-nihilo. Aunque bien está que el poeta pretenda obrar el milagro de la pura originalidad. Esta ilusión es más fecunda que el saber desengañado del Eclesiastés. La revista «Grecia», un tanto curada de bizantinismo y chochez parisina, sería admirable y, con todo, es lo más interesante que hoy se publica en España.

En 1924 Gerardo Diego prepara un volumen para presentarse al Premio Nacional de Literatura y debido a que se exigía un original de unas doscientas páginas decide no enviar *Manual de espumas* y organiza con el título de *Versos Humanos* un grupo de composiciones sin unidad, por eso afirma que «es el primero en orden cronológico de mis libros que en rigor no lo son». Es decir, «que agrupa una serie de poesías sin unidad que justifique el libro como tal libro, y no sólo como volumen tipográfico»[25].

Presentó, pues, *Versos Humanos.* El fallo del jurado se emitió el 6 de junio. Se concedía el premio a

---

[25] En el preliminar de *Hasta siempre,* subraya este carácter y afirma Gerardo Diego: «Como en el caso de *Versos Humanos,* del que viene a ser como una continuación, se agrupan en varias secciones poesías amorosas, amistosas, epistolares, ofrendas, notas de paisaje o de viaje, dedicatorias. Poesía de circunstancia casi siempre, lo que para mí nunca ha supuesto demérito ni categoría inferior.»

Mar y Tierra de Rafael Alberti y el de teatro se trasladaba a poesía para otorgárselo a Gerardo Diego. Ha sido una concesión con unos cronistas excepcionales, por un lado lo relata Moreno Villa en su *Vida en claro,* por otro Rafael Alberti lo incluye en *La arboleda perdida,* y, a su vez, Diego añade a sus *Versos* dos poemas como «abrazo» a Alberti, dedicándole al gaditano «Visita al Mar del Sur».

El libro se escribió en 1923 y 1924 aunque reúne poemas compuestos desde 1918. Resulta por eso «un conjunto un tanto inconexo y desigual» como he dicho, un libro «que en rigor no lo es.» Su título no significa que los versos de *Imagen* o de *Manual de espumas* no fuesen humanos precisa Gerardo en «intención y en resultados sino sencillamente que eran todos profanos y no religiosos, no divinos. La división en humanos y divinos era desde el siglo XVI normal, y yo ya proyectaba entonces otro libro de versos divinos». Libro que se publicaría, mucho tiempo más tarde, en 1971.

Versos Humanos tiene siete secciones: *Sonetos, Nuevo Cuaderno de Soria, Glosas, Canciones, Elegías, Versos Cantábricos, Epístolas*. Un poema le sirve de prólogo y de explicación teórica. Se trata de una reflexión poética distante de la expresada como preliminar a su *Poesía de creación*. Ratifica la individualidad de dos caminos paralelos trazados con distinta «retórica» entre la tradición y la originalidad. Aunque ambas se entrecrucen tantas veces entre sí. Aunque en un libro de «poesía relativa» salte eficaz la imagen múltiple o la más ágil de las figuras retóricas y en un libro de «poesía absoluta» la métrica tradicional se amolde plenamente a la más arriesgada de las metáforas vanguardistas. Pero en *Versos Humanos* hay una voluntariedad de llevar a cabo una «poesía relativa» dentro de la tradición. No se trata de distanciarse del vanguardismo sino de experimentar una distinta forma, definida desde el principio.

> Poesía de circunstancia
> trazo fino, leve, perfil.
> Que una lejana resonancia
> envuelva el concreto marfil.

Así como se precisa el estímulo feliz para realizarla: «es grato renovar el aula polvorienta de la retórica».

No cabe duda. De la misma manera es indiscutible la función de excepcional innovador que en la poesía realiza Gerardo Diego. Ahora con el bagaje creacionista, reanuda su poesía «relativa», pero consciente de un espléndido tiempo vivido. Lo recuerda y se lo dice a sus amigos de Gijón, sabiendo que en *Manual* ha cumplido un extraordinario aprendizaje lírico. En «Ofrenda» lleva a cabo un balance de la etapa vital que proyectó en la imagen múltiple de *Manual de espumas,* una época habitada junto al mar que le ofrecía «un muestrario de espumas» como «efímeras estrellas». Era un tiempo donde se conjugaban naturaleza y arte para enseñar al poeta «lecciones de insistencia». Un tiempo en el que *«cursó el aprendizaje / buscando el equilibrio de belleza madura (...) lo que apenas se aprende día a día.»*

Así era antes. Ahora lo define de distinta forma. Y el poema prólogo de *Versos Humanos* delimita las características de su libro:

> Efusión, ejercicio, apunte
> Voces de amor y de amistad.
> Permitidme que aquí os junte
> Vida y Arte. Mitad y mitad.

Es quizá, un nuevo equilibrio el que pretende establecer entre el arte y la vida. Gerardo Diego lo precisa aún más y con análoga intención con valor prologal y de manifiesto poético incluye un soneto inmediatamente después de este poema, donde se denomina a sí mismo «cauteloso arquitecto de colmena» aludiendo a la continua preocupación por la forma, a la constante y rigurosa elaboración del poema que refleja su interés por la exactitud y la precisión, además de una previa formulación teórica que fundamenta la proyección lírica. Con esta certeza demuestra no sólo lo decisivo de un previo bagaje teórico que enriquece y matiza su palabra, sino también la importancia de una continua y consciente estructuración que posibilita la conexión exacta entre forma y contenido. Cree que el poema exige perfección formal, requiere la labor de un arquitecto, ahora bien sólo alcanza su plenitud cuando el contenido se amolda con precisión a la forma. Sentimiento y pensamiento se funden en el poema con perfecto ajuste, pero a lo largo de un denso camino donde el poeta sabe que la total perfección es inalcanzable, sabe que es aspiración más que logro. En el «Soneto mío» también precisa el contenido o, mejor aún, cómo se proyecta el sentimiento en el poema, con sobriedad y contención, es decir: *exhibe ardiente y pudorosa cela / piel de emoción y hueso de artificio*. Años más tarde incluirá este mismo soneto como pórtico de *Alondra de verdad* con importantes variantes y en nota explicará algunos términos. Por ejemplo el poeta, ya no se identifica con un «cauteloso arquitecto» sino que será un «anhelante arquitecto». El cambio es significativo. Y es que en 1923, fecha de la primera redacción era una «hora cauta», un tiempo en el que se nos «imponía —dice Gerardo— un excesivo pudor ante las grandes y extensas fuentes de la emoción poética». Porque entonces había que enfrentarse a un decadente sentimentalismo que ahogaba la expresión de auténticas vivencias en desgastadas fórmulas retóricas. Por lo tanto había que transmitir sentimientos con una contención extremada que fue acusada de frialdad o de cerebralismo sin advertir que, en ellos, latían intensas emociones. Vivencias, como el paisaje soriano, emociones como el amor.

En 1923 aparece en Valladolid, publicado por Cossío *Soria (galería de estampas y efusiones)*. Se trata de un libro abierto al que se van sumando «recuerdos, visitas, impresiones, cariñosos contrastes», hasta constituir tres partes o, mejor, tres tiempos. El primero, el que acabo de citar, escrito en 1922 e impreso un año después. Al año siguiente, *Nuevo Cuaderno de Soria* se incorpora, como sección, a *Versos Humanos*. En *Alondra de Verdad* se incluyen dos magníficos sonetos «Revelación» y «Cumbres de Urbión» que formarán parte de la segunda edición de *Soria* impresa en 1948 en Santander. Así, a lo largo del tiempo, se ha configurado un paisaje que ha sufrido sin ninguna duda un proceso de elaboración profundo respecto «a la sensibilidad, al color, a la visión y a la amplitud del ámbito soriano captado». Desde el primer impacto, desde la primera impresión vital a la que se añaden experiencias literarias, hasta agregar imágenes del «campo, los pueblos, amistades, amores, paisajes de plena naturaleza». Un único tema en muy diversos registros que si acusa la influencia inmediata de Machado como «deliberado recuerdo, confesado homenaje» reconoce en opinión del poeta, la presencia de otras huellas. «Hay, creo yo —afirma Diego—, más Azorín que Machado.» Y también Unamuno y Góngora y Lope y Fray Luis. Es decir, están inevitablemente sus clásicos. Pero sobre todo están «sus emociones»: «quise y quiero tanto a Soria, me enriquecí con tantos y tan hondos afectos que resulta inevitable que saliese al ir poniendo una detrás de otra las estampas y efusiones con una distancia de 26 años, uno de mis libros más míos» (...) con «una evolución que va desde lo subjetivo a lo objetivo, y desde lo recogido a lo luminoso y cromático» en una modulación que muy acertadamente el poeta señala como nota común de toda su obra.

En este libro Gerardo Diego comparte con Machado una constante temática: Castilla. La visión de los dos poetas según Concha Zardoya «se complementa para ofrecernos una Castilla total, íntegra (...) real y soñada». Ahora bien como Machado, Diego contempla Castilla con una honda emoción que proyecta con gran sobriedad a través de los elementos esenciales que constituyen un paisaje: «encinas invencibles», «árboles señeros y viudos», «olmo decrépito». Aparece alguna adjetivación cromática. Según Zardoya: «la tierra soriana (...) es amarilla para Gerardo Diego»[26]. Se trata de un descubrimiento gozoso que el poeta realiza con el lejano recuerdo del Cid y que le impulsa a lanzar un:

> Grito glorioso al descubrirte como un nuevo Colón
> ¡¡Castilla!!
> ¡¡Castilla!!

Una vez descubierto un paisaje en su realidad tangible y cotidiana el poeta a través de un proceso de aprehensión de los elementos que lo configuran construye su propia imagen:

> Esta Soria arbitraria, mía ¿quién la conoce?
> Acercaos a mirarla en los grises espejos
> de mis ojos, cansados de mirar a lo lejos.

---

[26] Cfr. Concha Zardoya, «Una existencia temática. Castilla en la obra de Gerardo Diego», *Poesía española del siglo XX*, Madrid, Gredos.

Se trata de una aprehensión de lo real análoga a como Machado intimiza los álamos del Duero y que le permite a Gerardo Diego transformar lo real en un paisaje emotivo que puede teñirse, mediante la intimización de muy distinto color:

> Quien os vio no os olvida
> azules de Soria, azules.
> España, Castilla, Soria
> y mi corazón resume
> en esa que no se olvida
> azul, plenitud de azules.

El tiempo ha transformado una realidad externa en un paisaje evocado que se impregna de nostalgia porque se recupera, en la distancia, a través de la memoria. El paisaje soriano se delinea, de nuevo como un impacto cromático que remite a Castilla y Castilla simboliza a España. Pero previamente a la aceptación de un símbolo tan machadiano, Gerardo Diego ha caminado por un paisaje concreto, ha aprendido una geografía, una historia, unas tradiciones y las ha convertido en una poesía que se refleja como una crónica de entrañables realidades. Porque una tierra y una historia ha impresionado intensamente su sensibilidad hasta reflejarse en imágenes que remiten a su esencia y que desglosando un paisaje lo conforman. Así, por ejemplo, la cigüeña, el viento frío, la estación, las plazuelas solitarias o el carnaval y el río Duero que simboliza, una vez más, tiempo.

Por ejemplo, la cigüeña

> ... vieja amiga de las ruinas
> las del pico de tabla y el vuelo campeador.
> Cigüeña que custodias las glorias numantinas.
> Cigüeña de las peñas de Calatañazor.

Es decir, cigüeña por esencia, castellana, porque lo son las cualidades que la caracterizan. Pero además ella es una suma de elementos ajenos y propios que la describen: *en el vuelo tendida, pico, cuello, ala y zanca,* y sobre todo vuelve cada primavera y su regreso marca inexorablemente un tiempo concreto. Por lo tanto cigüeña o río, como señala Concha Zardoya remiten a una problemática temporal y el poeta diseñándolos los aprende haciéndolos suyos ya que puede recrearlos y revivirlos en distancia y experiencias.

> Total, precisa, exacta Soria: bien te aprendí.
> Ya no sabré contarte; pero te llevo en mí
> toda entrañable, toda humilde
> sin quitar ni poner una tilde.

Así aprendida permanece en la memoria hasta transfigurarse en «una niña, virgen de todo roce», es decir Soria se humaniza y los elementos cotidianos antes sencillamente descritos para ser descubiertos, se transforman en elementos humanos: el paisaje se funde con el poeta y padece un idéntico sentimiento, se enriquece de idénticas emociones. Soria es soledad y eternidad, pero estas dos condiciones anímicas están dadas mediante elementos esenciales que como las palabras clave machadianas «se elevaran del paisaje a un plano vivencial simbólico», porque Castilla será un estímulo para la meditación y una búsqueda esencial de espiritualidad. Por eso «El Ciprés de Silos» puede simbolizar a Castilla porque es signo de un ideal de arraigado ascetismo. Y lo es en una composición trazada de forma magistral ya desde el título donde Diego, como hace a menudo, ofrece al lector los datos imprescindibles para la comprensión del significado global del poema. A partir de él se desarrolla el soneto, desvelando *a priori* la clave de 13 versos, clave fundamental porque sólo hasta llegar al último no se resuelve por completo la suma de información ofrecida, hasta llegar, en una circularidad título — último endecasílabo, al *mudo ciprés en el fervor de Silos*. Y el ciprés es contemplado por el poeta desde un concreto estado de ánimo personal, desde la desorientación sentida por su *alma sin dueño peregrina al azar*, y esta situación acentúa las características del ciprés que se centran en su condición erguida, en su dinamismo y en su soledad. El soneto empieza de manera rotunda, sin preámbulos y desde el primer verso se suceden las metáforas que identifican al sujeto del poema a través de una serie de diferentes elementos: *surtidor - chorro - mástil* que remite a su condición vertical y *lanza - flecha - saeta* que añade una característica de energía dinámica, de tensión hacia lo alto. Entre estos objetos y el ciprés se establece una interdependencia de cualidades que amplía extraordinariamente la fuerza expresiva de las comunicaciones propuestas. Una vez establecida esta interrelación, es decir una vez descrito el ciprés, el poeta se incorpora para transmitir una emoción subjetiva que depende de sus anhelos más íntimos de su deseo hondo de espiritualidad. Para comunicar su estado de ánimo ante el encuentro, inicia un diálogo desde su propia inestabilidad con el árbol que, en contrapartida, aparece *señero, firme*. Y el diálogo manifiesta el ansia casi mística del poeta de diluirse y ascender *como tú*. En este punto las cualidades del ciprés amplían su ámbito de significación porque establecen una correlación con las anteriores. Así, *vuelto cristales* señala su correspondencia con *surtidor* y *chorro* mientras que *arduos filos* y *delirios verticales* remiten al *loco empeño* que ahora es ansia de ascensión mística. Entonces, como escribe Hernández Vista: «el poeta, impulsado por el ansia ascensional ejemplar de su ciprés, se pliega sobre sí mismo, fuera del tiempo y del espacio, desasido ya de las cosas, sumido en el éxtasis de la pura contemplación; es la última cumbre, la del éxtasis de la unión mística, donde la palabra enmudece y sólo queda un balbuceo: *mudo ciprés en el fervor de Silos*»[27].

Fervor místico frente a un ciprés que Gerardo Diego volverá a desplegar en dos ocasiones más. En 1933 escribirá un nuevo soneto titulado «Primavera en Silos» que se publicará en *Versos divinos*. Y en *Alondra de verdad* en 1941 incorpora «El ciprés de Silos (Ausente)» escrito en 1935 desde Santander. Para Gallego Morell estos tres sonetos o ese ciprés no son símbolo de Castilla que «se nos pierde en los tres» porque la naturaleza ha perdido su arraigo espacial. «Ha perdido los referentes concretos y se ha convertido en símbolo de una poética ascensional, sólo en el título y en el último verso intenta asirse a una vaga realidad geográfica.» Sin embargo y aunque es evidente que el paisaje castellano se diluye y difumina sus contornos en estos poemas, actúa, me parece, como elemento de distancia y añoranza en el tercer soneto que el poeta estructura en la lejanía de una tierra y en contacto con otro de sus paisajes esenciales: Santander «su cuna, su palabra». En este tercer enfrentamiento, la distancia determina una mayor interiorización y el ciprés pasa a formar parte de las experiencias más íntimas: con Castilla, con Santander... Ahora bien al paisaje símbolo machadiano superpondrá el espacio de Bécquer que supone un enriquecimiento significativo y, de alguna manera, una elección

---

[27] Un magnífico análisis de este poema, desde un concreto módulo metodológico, lo realiza V.E. Hernández Vista en *Prohemio*, 1, Barcelona, 1, abril, 1970. Cfr. Asimismo A. Gallego Morell, «El ciprés de Silos en la poesía», *Diez ensayos sobre literatura española,* Madrid, Revista de Occidente, 1972.

que manifiesta Diego estableciendo una línea de continuidad o de admiración entre dos creadores excepcionales:

> Poetas andaluces
> que soñasteis en Soria un sueño dilatado
> tú, Bécquer, y tú Antonio, buen Antonio Machado

Dos espacios entrañables que configuran el insustituible contexto de una lírica: Soria y Santander son las coordenadas espaciales y emocionales que el poeta va dibujando y mientras Soria significa descubrimiento y un paisaje denso de experiencias ajenas que asume y personaliza, Santander significa infancia, sueños juveniles y la presencia totalizadora del mar. El mar, una vivencia íntimamente acariciada, actúa como escenario donde el poeta instala sus emociones y desde él, desde su belleza y sus misterios cubre intensamente un arco vital, sin olvidarlo nunca. En la «Playa de los peligros» implica el anhelo de partir en búsqueda de otras experiencias. Son sueños de aventura juveniles, un espejismo que acogió sus ilusiones o donde refugió sus esperanzas. El poeta pretenderá recuperarlas convirtiendo, por eso, un paisaje en elemento eje de su palabra porque siempre le permitirá recuperar su tiempo y un espacio. Y a este espacio incorpora los nombres de aquellos que, con su presencia, conformaron una vida, surgiendo así un «paisaje con figuras». De esta manera titulará Gerardo Diego un libro recopilado entre 1943 y 1955, pero advertirá que «este mismo título podría servir para una gran parte de mi obra poética», donde aparecen «casos abundantes tanto de un predominio de la naturaleza como de un protagonismo de la figura humana. También hay casos en que ambos elementos se equilibran y conjugan de tal modo que resulta difícil otorgar primacía a uno o a otro». En *Nuevo Cuaderno de Soria* de *Versos Hu-*

manos aparecen tres retratos extraordinarios, sus títulos tres nombres: «Mariano Íñiguez», «Mariano Granados», y el tercero «Pepe Tudela». Los tres señalan esa vocación de Diego que se convertirá en una constante. Y mientras en los dos primeros Soria se comporta como un contexto sin mencionarse o apenas, en el tercero constituye el auténtico paisaje donde vive Pepe Tudela. Se trata de tres «retratos humanos» que nos dan la semblanza de tres personas entrañables en el afecto del poeta. Su imagen aparece descrita a través de rasgos de carácter significativos pero, sobre todo, ponen de manifiesto la extraordinaria capacidad de su autor para captar detalles, actitudes, gestos hasta transformarlos en una palabra sobria, llena de matices que atrapa la rotundidad de las artes plásticas. *Si yo fuera pintor...* ha escrito Diego y parece querer cumplir continuamente este anhelo delineando siluetas con trazos firmes o inseguros, insinuando matices o subrayando aspectos. Retratos con fondo de luz y color, incorporados a un paisaje o integrados en un escenario o retratos de persona aislada. Ensaya, por lo tanto, el poeta una técnica muy diversa y la despliega a lo largo de toda su vida, de toda su obra. A veces se detiene en un solo elemento y desde él configura una personalidad, a veces se trata de un elemento externo o físico, otras acumula recuerdos y emociones hasta construir un cuadro de excepcionales calidades y sugerencias. Y si Mariano Íñiguez es *«este señor de barbas vegetales / y de mirada entre risueña y dura»,* al lado de Pepe Tudela, *«el de los ojos de perenne estupor»* aprendió Gerardo Diego *«a empezar a amar todas las cosas porque sí»*[28].

---

[28] Cfr. Antonio de Zubiaurre, «Sobre Gerardo Diego retratista y de un retrato ejemplar», en *Estafeta Literaria,* núm. 594-595, 1976.

Y el amor es el tema clave de todo el quehacer lírico del poeta que en el prólogo a su Antología de *Poesía Amorosa* (1918-1969) lo considera eje de toda su obra poética, el elemento que unifica la diversidad de emociones y temas. Más aún, otorga ingenuidad que puede «salvar su lírica y en cualquier caso justificarle como poeta».

Añade el autor una serie importante de precisiones hasta elaborar una definición totalmente válida para toda su poesía [29] porque señala la apertura temática: Dios - elementos cotidianos - paisaje o estrictamente lírica amorosa. Asimismo indica la diversidad que es su primordial característica. E incluso su defensa de la sencillez, en búsqueda, como Cernuda, de una recepción a través de una identidad de sentimiento, es una exigencia que, a pesar de participar plenamente en los postulados vanguardistas y en la poética del 27, siente desde muy temprano. Asimismo es exacta la apelación a la música.

Dentro de esta serie de constantes que el propio poeta identifica como clave de un proceso poético, la primera es el amor que considera «motivo de vocación poética». Señala la «indisoluble amalgama» de

---

[29] Leopoldo de Luis considera clave la poesía amorosa de Gerardo Diego y sobre todo, un lema «Yo no sé hacer sonetos más que amando», le parece «revelador y significativo» de toda la excepcional trayectoria lírica de un poeta al que califica como «malabarista formal, prestidigitador de la palabra, funámbulo de la rima, inventor de mágicos juegos», pero, a la vez, creador de «pasión honda y contenida». Aún más, añade el crítico una precisión que me parece interesante destacar ya desde la lírica amorosa de *Versos Humanos:* para Leopoldo de Luis Gerardo Diego es «escultor y arquitecto de la amada», añadiendo «que el amante hace a la amada, ésta es nuestra criatura». Cfr. Leopoldo de Luis, «Consideraciones sobre la poesía de Gerardo Diego», en *Nueva Estafeta*, Madrid, febrero de 1980.

poesía y Amor (donación-entrega y también anhelo) y distingue «actitudes y métodos» entre ellas:

La más natural (...) dirigirse el amante a la amada: «La Poesía es el dativo de la segunda persona del singular, es el *a ti*»; con ello intenta sustituir o ampliar el «Poesía eres tú» becqueriano. Ese «a ti» es un amplísimo receptor (amada - prójimo - yo del poeta) que, a la vez, diferencia o califica a la poesía en épica, dramática, patética. Significativamente pone como lema de su poesía amorosa unos versos de Bocángel[30]:

> Canté el amor llorando de alegría
> y tan dulce tal vez canté mi pena
> que todos la juzgaban por ajena
> pero bien sabe el alma que era mía.

Por lo tanto, el amor es el primer estímulo de su quehacer lírico individualizado ya desde 1920, desde *El Romancero de la novia,* libro que tiene según Vivanco «en algunos momentos voz auténtica brotada del alma», aunque «sus romances están elaborados de un modo objetivo y a distancia, tal vez como se cuenta una historia ajena y triste de amor». Y al *Romancero* se suceden otros títulos donde la argumentación amorosa se evidencia nítida. Y en otros, aunque se persigue una poesía objetiva, aparentemente incompatible con la confidencia amorosa también es primordial la proyección del sentimiento del amor. En palabras del poeta el amor es «el motor de todo, y aún

---

[30] Asimismo ha señalado su «filiación lopista». Con la intención de acabar con el marbete de gongorismo eligió para su discurso de ingreso en la Academia *Una estrofa de Lope,* (lo leyó el 15 de febrero de 1948) porque el poeta dice sentirse «más cerca del corazón de Lope, poeta inmenso y de una delicadeza sin par». Por eso también fue editor en 1963 de las *Rimas* publicadas por Taurus.

no reconocible a primera vista, más de una vez mueve la constelación de *Imagen,* de *Limbo* o de *Biografía incompleta».*

Creo que en este punto se podría añadir *Manual de espumas* donde la poesía amorosa del poeta alcanza una calidad realmente excepcional. Y sin duda ninguna destaca un fundamental eje amoroso en *Versos Humanos.* Desde «Teoría» donde se poetiza una historia de emociones, de actitudes amorosas, de «miradas y ocultamientos» hasta «Vocación», «Glosa segunda» o las «Canciones».

En estas anuda un breve Cancionero amoroso en la huella de una espléndida tradición a la que también se sumará Salinas, pero que Gerardo personaliza de forma extraordinaria. En búsqueda de esencialidades, el amante inicia el descubrimiento de la amada en un aprendizaje minucioso pieza a pieza, palmo a palmo:

> Una a una desmonté las piezas de tu alma.
> Vi cómo era por dentro:
> sus suaves coyunturas,
> la resistencia esbelta de sus trazos.
> Te aprendí palmo a palmo.
> Pero perdí el secreto
> de componerte.
> Sé de tu alma menos que tú misma,
> y el juguete difícil
> es ya insoluble enigma.

y el imposible conocimiento desemboca en misterio. No importa, y el amante pretende amoldarse en una perfecta síntesis como un «tronco hueco» que acoge y da «sombra y sueño», como «agua» que abraza por dentro o como vaso «para abrazar por fuera al mismo tiempo», en una tensión hacia ella que se convierte en súplica a la amada - ojos - faro - luz - lumbre - «mujer de ausencia», mujer inasible que el amante ha desmontado y que se escapa inalcanzable porque, quizá sólo quizá, es un sueño o un anhelo o una creación del poeta.

Después de *Manual de espumas* y de *Versos Humanos* se inicia un tiempo extraordinario que Gerardo Diego protagonizará, de nuevo, con fervor apasionado. Así lo ha descrito Salinas: «Tieso, envarado, esposo desde hace muchos años de Carmen, pero que no puede resistir las ganas de irse de bureo, de tarde en tarde, con Lola. Carilargo, de rasgos acusados, inexpresivo; calla mucho. Hay ratos en que no se le puede sacar una palabra del cuerpo. Pero de pronto se le sube la sangre a la cara, dos brasas a los ojos, y se arranca, furioso, cuesta abajo por una tirada de indignación (...) Es un fanático de la *causa*. La *causa* es siempre la Poesía. La muy antigua o la muy moderna, la de Soto de Rojas o la de Huidobro, la de Lope o la de Juan Larrea»[31].

Y entonces la causa tenía un nombre: Góngora y un grupo de amigos poetas excepcionales se reunían para dar fe de vida en torno al poeta barroco. Gerardo los acogía con sus entusiasmos y fervores en una polémica e insustituible *Antología*. Algo más. Creaba dos revistas, por un lado *Carmen,* intrincado cruce de bellezas, por otro *Lola,* ágil y festivo apéndice de la anterior. A su convocatoria acudían Larrea y Fray Luis subrayando con su presencia un tiempo cruzado armónicamente por dos tendencias aparentemente contradictorias: *tradición y originalidad* clave de la generación del 27, clave del quehacer lírico de Gerardo Diego.

---

[31] Cfr. P. Salinas, «Nueve o Diez poetas», en *Ensayos de Literatura hispánica,* Madrid, Aguilar, 1958.

Cronología

1896. El 3 de octubre nace en Santander Gerardo Diego Cendoya.
1906. Ingresa en el Instituto General y Técnico de Santander.
1912- Termina el bachiller y empieza a estudiar Letras en
1917. Deusto; conoce a Juan Larrea. Finaliza la carrera con sobresaliente. Un año más tarde se doctora.
1919. Colabora en *Revista Castellana* (Valladolid), *Grecia* (Sevilla) y *Cervantes* (Madrid). El 16 de noviembre da una conferencia en el Ateneo de Santander sobre «La poesía nueva» y origina una interesante polémica.
1920. Toma posesión de la Cátedra de Lengua y Literatura Castellana del Instituto General y Técnico de Soria. Colabora en *Reflector,* dirigido por el santanderino José de Ciria.
1921. Conoce e inicia su amistad con Vicente Huidobro.
1922. Invitado por Huidobro, va a Francia donde entabla amistad con importantes creadores y comienza a fundamentar teóricamente su creación.
1923. Se traslada al Real Instituto Jovellanos de Gijón.
1925. Se le concede el Premio Nacional de Literatura por *Versos Humanos* ex aequo con Rafael Alberti por *Mar y Tierra.*
1927. Se celebra el tercer centenario de la muerte de Góngora. Gerardo Diego participa activamente en los

actos conmemorativos. Dirige *Carmen* (revista chica de poesía española) con el suplemento *Lola*.
1931. Se traslada al Instituto de Santander.
1932. Edita *Poesía Española, Antología* 1915-1931. Se traslada al Instituto Velázquez de Madrid.
1934. Recopila y publica en Editorial Signo *Poesía española. Antología (contemporáneos).*
Se casa con Germaine Marin el 11 de junio en Toulouse.
1935. Se traslada de nuevo al Instituto de Santander.
1947. En abril es elegido miembro de número de la Real Academia Española de la Lengua.
1948. El 15 de febrero ingresa en la Academia, leyendo su discurso sobre «Una estrofa de Lope»; le contesta Narciso Alonso Cortés.
1952. Recibe el premio Ciudad de Barcelona por *Amor solo* y gana los Juegos Florales Iberoamericanos de la Coruña por «Ángel de rocío».
1955. Recibe el premio Larragoiti por *Amazona*.
1956. Obtiene el premio Nacional de Literatura por *Paisaje con figuras*.
1958. La Bienal Internacional de Poesía de Knoke-le Zoute le rinde un homenaje.
1959. Obtiene el premio Ciudad de Sevilla con *El jándalo*. Se reeditan las antologías de 1932 y 1934 en un solo volumen titulado *Poesía española contemporánea (Antología),* con un nuevo prólogo.
1961. Se le concede el premio de la Fundación March a la Creación Literaria.
1962. Se estrena en Madrid el retablo escénico *El cerezo y la palmera,* premio Calderón de la Barca.
1966. Se jubila como catedrático de Instituto.
1973. El Club Urbis y el Tercer Programa de Radio Nacional organizan un homenaje a Gerardo Diego, con exposición de pintura, conferencias, conciertos y la edición de un libro-católogo y la antología *Palma de mano abierta* seleccionada por Manrique de Lara.
1974. La Societé des Poètes Françaises le concede su premio internacional.

1976. Al cumplir ochenta años Gerardo Diego se organizan varios homenajes en su honor.
1980. Se le concede el premio Cervantes de 1979 ex aequo con Jorge Luis Borges. Se organizan en Santander diversos homenajes a Gerardo Diego, con imposición de las medallas de oro de la provincia y de la ciudad y la investidura de doctor «honoris causa» de su Universidad.

Nuestra edición

Se reproduce la primera edición de *Manual de espumas* publicada en el número 11 de Cuadernos Literarios en Madrid con un retrato de José Moreno Villa. Asimismo esta edición se reprodujo, sin ninguna variante, en la antología que bajo el título de *Poesía de creación* reunió el poeta para Seix Barral en 1980. Junto a *Manual* incluyó Gerardo Diego *Imagen (poemas), Limbo, Fábula de Equis y Zeda, Poemas adrede, Biografía incompleta* y *Biografía continuada,* libro este último casi totalmente inédito. Es decir reunió, en un solo volumen, los libros que de forma continuada, desde 1918 hasta 1972, representan su «poesía absoluta». En línea paralela a ésta, se publicó en 1925 *Versos Humanos* que ejemplifica la poesía relativa de Diego. Por esta razón, por ser dos libros significativos de las dos tendencias distintas y complementarias de Gerardo, se han reunido aquí como reflejo espléndido de una poesía total.

En este punto, debo dar las gracias a Manuel Bonsoms por su sabia paciencia y su amistad. Así como debo agradecer la ayuda de don Enrique Cordero.

Bibliografía del autor

El Romancero de la novia, Santander, Imp. de J. Pérez, 1920, 2.ª ed., Madrid, 1944.
Imagen: Poemas (1918-1919), Madrid, Imp. Gráfica Ambos Mundos, 1922.
Soria. Galería de estampas y efusiones, Valladolid, Imp. y Librería Viuda de Montero, 1923. Serie «Libros para amigos» editada por José María Cossío.
Manual de espumas, Madrid, Imprenta Ciudad Lineal, 1924, *Cuadernos literarios,* número 11.
Versos Humanos (1919-1924), Madrid, Ciap, 1925.
Viacrucis, Santander, Talleres Aldus, 1931. Segunda edición aumentada con dos poemas, Madrid, Ágora, 1956.
Fábula de Equis y Zeda, México, Alcancía, 1932.
Ángeles de Compostela, Madrid, Ediciones Patria, 1940. Segunda edición completa, Madrid, Giner, 1961.
Ángeles de Compostela y Vuelta del peregrino. Edición, prólogo, notas y comentarios de texto por Arturo del Villar, Madrid, Narcea, Col. Bitácora, 1976.
Alondra de Verdad, Madrid, Ediciones Escorial, 1941; 2.ª ed., 1943. Col. Adonais, núm. 3, 1.ª ed. completa en la que se incluye la *Fábula de Equis y Zeda.*
Ángeles de Compostela, Alondra de verdad. Edición de Francisco Javier Díaz de Revenga, Madrid, Castalia, 1985.
La Sorpresa. Cancionero de Sentaraille, Madrid, C.S.I.C., 1944. Publicaciones de Cuadernos de Literatura Contemporánea. Poesía 2.
Soria. Versión definitiva y ampliada a la que añade «Nuevo Cuaderno de Soria (1923-1924)»; «Capital de provincia (1929-1947)»; «Cancionerillo de Salduero (1941-1943)»; «Tierras de Soria (1929-1947)» y «El In-

truso (1946)». Santander-Madrid, octubre de 1948. Colección El Viento Sur núm. 2. Ilustraciones de Pedro Matheu. 2.ª ed., noviembre, 1948.
Hasta siempre, Madrid, ed. Tura, 1948, Colección Mensajes, 10.
La Luna en el desierto y otros poemas, Santander, Artes Gráficas, Viuda de F. Fons, 1949.
Limbo, Las Palmas, Ediciones El Arca; 1951.
Biografía incompleta, Madrid, Cultura Hispánica, 1953. Colección La Encina y el mar número 11, 2.ª edición aumentada, 1967.
Amazona, Madrid, Ágora, 1955. Obtuvo el premio Larraggoti, 2.ª ed., 1956.
Paisaje con Figuras, Palma de Mallorca, Papeles de Son Armadans, 1956. Colección Juan Ruiz, núm. 1.
Amor solo, Madrid, Espasa-Calpe, 1958.
Evasión, Caracas, 1958, 2 vols., Lírica Hispánica, núms. 189 y 190.
Canciones a Violante, Madrid, Ediciones Punta Europa, Colección Poesía, 1, 1959.
Tántalo. Versiones poéticas, Madrid, Ediciones Ágora, 1960.
La Rama, Santander, La Isla de los Ratones, 1961.
Glosa a Villamediana, Madrid, Taurus, Col. Palabra y tiempo, IV, 1961.
Mi Santander, mi cuna, mi palabra, Santander, Diputación Provincial, 1961.
El Jándalo (Sevilla y Cádiz), Madrid, Taurus, Col. Palabra y Tiempo, XVIII, 1961, Premio Ciudad de Sevilla, 1959.
Sonetos a Violante, Sevilla, 1962, «La Muestra», Entregas de poesía, núm. 1.
La suerte o la muerte (Poema del toreo), Madrid, Taurus, 1963.
El Cordobés dilucidado y Vuelta del peregrino, Madrid, Revista de Occidente, 1966.
Odas morales, Cuadernos de María José, Málaga, El Guadalhorce, 1966.
Variación 2, Colección «Clásicos de todos los años», Santander, 1966.

Preludio, Aria y Coda a Gabriel Faure, Santander, Alimara, 1967.
La fundación del querer, Colección «Poetas de Hoy», número 53, Santander, La Isla de los Ratones, 1970.
Versos divinos, Madrid, Alforjas para la poesía, 1971.
Cementerio civil, Barcelona, Plaza y Janés, 1972.
Carmen Jubilar, Colección «Álamo», núm. 43, Salamanca, 1975.
Primera Antología de sus versos, Espasa-Calpe, 1941. Colección «Austral», núm. 219, 2.ª ed., 1941; 3.ª ed., 1944; 4.ª ed., 1947; 5.ª ed., 1958; 6.ª ed., 1967.
Romances (1918-1941), Cuadernos de Poesía, 1, Madrid, Ediciones Patria, 1941.
Poemas. Selección y prólogo de Manuel Altolaguirre, México, Secretaría de Educación Popular, 1948.
Antología, Salamanca, Anaya, 1958.
Poesía amorosa (1918-1961), Barcelona, Plaza y Janés, 1965; 2.ª ed., 1970.
Segunda Antología de sus versos, Madrid, Espasa-Calpe, Colección «Austral», núm. 1.394, 1967.
Antología Poética (1918-1969), Madrid, Dirección General de Enseñanza Media, 1969.
Versos escogidos. Ed. y comentarios del autor, Madrid, Gredos, 1970. Antología Hispánica.
Palma de mano abierta. Antología Homenaje. Selección y nota previa de José Gerardo Manrique de Lara. Madrid, «Tercer Programa de Radio Nacional», 1973.
Poesía de creación, Barcelona, Seix Barral, 1974.
Poemas mayores, Madrid, Alianza Editorial, 1980.
Poemas menores, Madrid, Alianza Editorial, 1980.
Cometa errante, Madrid, Plaza y Janés, 1985.

BIBLIOGRAFÍA CRÍTICA

ALONSO, Dámaso, «La poesía de Gerardo Diego (Desde la altura de su Alondra)», *Poetas españoles contemporáneos,* 3.ª edic., Madrid, Gredos, 1969.

BLAS VEGA, José, «Gerardo Diego. Bibliografía», *La Estafeta Literaria,* 594-595, 1976.
CABAÑAS, Pablo, «Gerardo Diego. Segundo sueño» (homenaje a Sor Juana Inés de la Cruz), *Poesía española,* 29, 1954.
CANO, José Luis, *La poesía de la generación del 27,* Madrid, Guadarrama, 1970.
CIRRE, José Francisco, «Creacionismo y superrealismo», *Forma y espíritu de una lírica española»,* México, Graf. Panamericana, 1950.
COSSÍO, José María, «De la poesía de Gerardo Diego», *Escorial,* V, 1941.
D'ARRIGO Miledda, C., *Gerardo Diego: il poeta di Versos Humanos,* Turín, Università, 1955.
DEBICKI, Andrew, «Temas íntimos salvados por el arte: algunos poemas de Gerardo Diego», *Estudios sobre poesía española contemporánea,* Madrid, Gredos, 1968.
DÍEZ DE REVENGA, Francisco Javier, «Gerardo Diego y sus Versos Divinos», *Anales de la Universidad de Murcia,* 31, 1976.
— Edición de *Ángeles de Compostela y Alondra de Verdad,* Madrid, Castalia, 1985.
— «Ultraísmo, creacionismo y surrealismo en Gerardo Diego», *Los cuadernos del 27,* 1, 1985.
DITTMEYER, Hannelore, «Gerardo Diego: Dichtung und Welthalung *Manual de Espumas* als Ausdruck einer Dichterpersönlichkeit», Romanitisches Jarbuch, IX, 1959.
ESPINA, Antonio, «Gerardo Diego, *Soria* (poesía)», *Revista de Occidente,* 1, 1923.
FUSTER, Joan, «El tercer Diego (incompleto)», *Verbo,* 19-20, 1950.
GALLEGO MORELL, Antonio, *Vida y poesía de Gerardo Diego,* Barcelona, Aedos, 1956.
— «Notas a Gerardo Diego», *En torno a Garcilaso y otros ensayos,* Madrid, Guadarrama, 1970.
— «El ciprés de Silos en la poesía», *Diez ensayos sobre literatura española,* Madrid, Revista de Occidente, 1972.
— «Gerardo Diego en Soria y Soria en Gerardo Diego», *Diez ensayos sobre literatura española,* cit.
GÓMEZ DE BAQUERO, E., «Los versos de Gerardo Diego», *Pen Club. Los poetas,* Madrid, Renacimiento, 1929.

GULLÓN, Ricardo, «Aspectos de Gerardo Diego», *Ínsula,* 137, 1958.
— «Gerardo Diego y el creacionismo», *Ínsula,* 354, 1976.
HERNÁNDEZ VALCÁRCEL, María del Carmen, «Poesía y música en los *Nocturnos de Chopin* de Gerardo Diego», *Estudios literarios dedicados al profesor Mariano Baquero Goyanes,* Murcia, 1974.
HERNÁNDEZ VISTA, Vidal E., «El ciprés de Silos (estudio estilístico y estructural)», *Prohemio,* I, 1, 1970.
LUIS, Leopoldo de, «Gerardo Diego: su poesía amorosa, su poesía religiosa», *La poesía aprendida,* Valencia, Bello, 1975.
— «Consideraciones sobre la poesía de Gerardo Diego», *Nueva Estafeta,* 15, 1980.
MANRIQUE DE LARA, José Gerardo, *Gerardo Diego,* Madrid, 1970.
MARCH KATHLEEN, N., «Gerardo Diego: la poesía como laberinto original», *Ínsula,* 411, 1981.
MONTES, Eugenio, «Gerardo Diego. *Manual de Espumas*», *Revista de Occidente,* 10, 1925.
NORA, Eugenio G. de, «La obra de Gerardo Diego a través de su primera antología», *Cuadernos hispanoamericanos,* 4, 1948.
ROZAS, Juan M., TORRES NEBRERA, Gregorio, *El grupo poético del 27,* Madrid, Cincel, 1980.
STEFANO, Gianfranco di, «Clasicismo y creacionismo en los *Poemas adrede* de Gerardo Diego», *Prohemio,* V, 2-3, 1974.
VALENTE, José Ángel, «Gerardo Diego a través de su Biografía Incompleta», *Cuadernos Hispanoamericanos,* 15, 1953.
VIDELA, Gloria, *El Ultraísmo,* Madrid, Gredos, 1971.
VILLAR, Arturo de, edición de *Ángeles de Compostela* y *Vuelta del Peregrino,* Madrid, Narcea, 1976.
— «Tierra, alma y poesía en un soneto de Gerardo Diego», *Poesía Hispánica,* 286, 1976.
— «Gerardo Diego, escultor de ángeles en verso», *Bellas Artes,* 76, 54, 1976.
— «Una rima creacionista de Gerardo Diego», *Ínsula,* 368-369, 1977.
— «El creacionismo según Gerardo Diego», *Arbor,* CVI, 1980.
— *Gerardo Diego,* Madrid, Ministerio de Cultura, 1981.

- «Imágenes y alegorías del viaje a Compostela de Gerardo Diego», *Nueva Estafeta,* 45, 46, 1982.
- *La poesía total de Gerardo Diego,* Madrid, Los libros de Fausto, 1984.

VIVANCO, Luis Felipe, «La palabra artística y en peligro de Gerardo Diego», *Introducción a la Poesía española contemporánea,* I, Madrid, Guadarrama, 1974.

- «Gerardo Diego y su tercer mundo en La generación poética del 27», *Historia General de las literaturas Hispánicas,* Barcelona, Vergara, 1967.

ZARDOYA Concha, «Una existencia temática. Castilla en la obra de Gerardo Diego», *Poesía española del siglo XX,* Madrid, Gredos, 1974.

ZUBIAURRE, Antonio de, «Sobre Gerardo Diego retratista y un retrato ejemplar», *La Estafeta Literaria,* 594-595, 1976, págs. 12-16.

Homenajes

Verbo, núms. 19-20, Alicante, 1950.
Cuadernos de Ágora, núms. 37-38, Madrid, 1959.
Punta Europa, núms. 112-113, Madrid, 1966.
Peña Labra, 4, Santander, 1972.
Club Urbis y Tercer Programa de Radio Nacional, Madrid, 1973.
Ínsula, núm. 354, Madrid, 1976.
La Estafeta Literaria, núms. 594-595, 1976.
Imagen múltiple de Gerardo Diego, edición de Arturo del Villar, El Toro de Barro, Carboneras de Guadazón, 1980.

Manual de espumas

SOBRE LA TUMBA INESPERADA DE

JOSÉ DE CIRIA ESCALANTE,

AMIGO INDELEBLE, ESTOS VERSOS
QUE ÉL AMABA, HOY CON VOLUNTAD DE FLORES

PRIMAVERA [1]

*A Melchor Fernández Almagro**

Ayer   Mañana
Los días niños cantan en mi ventana

Las casas son todas de papel
y van y vienen las golondrinas
doblando y desdoblando esquinas

Violadores de rosas
Gozadores perpetuos del marfil de las cosas
Ya tenéis aquí el nido
que en la más bella grúa se os ha construido

Y desde él cantaréis todos
en las manos del viento

                    Mi vida es un limón
          pero no es amarilla mi canción
              Limones y planetas
             en las ramas del sol
            Cuántas veces cobijasteis
          la sombra verde de mi amor
          la sombra verde de mi amor

---

[1] Se publicó en *Horizonte,* Madrid, 1923, núm. 5.

* El historiador Melchor Fernández Almagro, autor de libros como *Cánovas* valorado por *Azorín* por su «minuciosidad y exactitud», participó activamente en las tertulias de la época y compartió con Gerardo Diego inquietudes literarias. Así lo refleja en un artículo en *ABC,* en 1947, con motivo del ingreso de Gerardo en la Real Academia.

La primavera nace
y en su cuerpo de luz la lluvia pace

El arco iris brota de la cárcel

Y sobre los tejados
mi mano blanca es un hotel
para palomas de mi cielo infiel

MIRADOR

A Ramón Gómez de la Serna

De balcón a balcón
los violines de ciego
tienden sus arcos de pasión

Es algo irremediable
cortar con las tijeras estas calles

Las cartas nacidas de mi regazo
aprenden a volar algo mejor
y a un peregrino arrepentido
se le ha visto bajar en ascensor

En el bazar
las banderas renuevan el aire
y el caballo de copas lleva el paso
mejor que un militar

Y tú   manso tranvía
gusano de mis lágrimas
que hilas mi llanto en tus entrañas

Condúceme a tu establo
y sácame del pozo en que te hablo

Yo te prometo que esta primavera
tu vara florezca en todos los tejados
tejados olvidados
en los que ya no pastan los ganados
y a los que nunca sube el surtidor

Dejemos al Señor
que arranque las estrellas
y durmámonos
sin consultar con ellas

EMIGRANTE

El viento vuelve siempre
aunque cada vez traiga un color diferente

Y los niños del lugar
danzan alrededor de las nuevas cometas

>   Canta cometa canta
>   con las alas abiertas
>   y lánzate a volar
>   pero nunca te olvides de tus trenzas

Las cometas pasaron
pero sus sombras quedan colgadas de las puertas
y el rastro que dejaron
fertiliza las huertas

Por los surcos del mar
ni una sola semilla deja de brotar
Chafadas por los vientos y los barcos
las espumas reflorecen todos los años

Pero yo amo más bien
los montes que conducen sobre sus lomos ágiles
las estrellas expulsadas del harem

Pastor marino
que sin riendas ni bridas
guía las olas a su destino
No me dejes sentado en el camino

El viento vuelve siempre
Las cometas también
Gotas de sangre de sus trenzas llueven
Y yo monto en el tren

MESA

A Waldemar George*

Yo recorrí las mares
embarcado en tu mano
y en los manteles puse un sabor de oceano

Los peces giran en torno de mi faro
Pero los barcos naufragaban en el mapa
y el rumor de las olas desplegaba mi capa

El mar ya no se cuida de ser redondo

No penséis en la muerte

No es fácil llegar al fondo
ni hacer de nuestra alfombra la rueda de la suerte

El sol nace en la mesa
y el árbol del poniente pierde las hojas viejas

                    Ésta es la cruz del mar
                    Nunca crece ni mengua

Esperad que la lámpara se oriente

Y entonces nuestros platos
girarán bellamente
a la música exacta de los astros

---

* Waldemar George, crítico de arte, se lo presentó a Gerardo Huidobro, en París, en 1922.

FUENTE

Mecanismo de amor
Mi grifo versifica mejor que el ruiseñor

Y eras tú y tu vestido
lo que todos los días he bebido

                            camino de la noche
                              junto al árbol real
                        mientras el viento espera
                  la hora de abrir el hospital

Pero tus ojos ya no vuelan
y las últimas ventanas están muertas

El agua en el balcón
como un perro olvidado

Mi corazón y el baño se vacían

Puedes dormir tranquila
                      No hay cuidado

PARAÍSO

A J. Moreno Villa

Danzar
                                     Cautivos del bar

La vida es una torre
y el sol un palomar
Lancemos las camisas tendidas a volar

Por el piano arriba
subamos con los pies frescos de cada día

Hay que dejar atrás
las estelas oxidadas
y el humo casi florecido

Hay que llegar sin hacer ruido

Bien saben los remeros
con sus alas de insecto que no pueden cantar
y que su proa no se atrevió a volar

Ellos son los pacientes hilanderos de rías
fumadores tenaces de espumas y de días.

Danzar
                                     Cautivos del bar

Porque las nubes cantan
aunque estén siempre abatidas las alas de la mar

De un lado a otro del mundo
los arcoiris van y vienen
para vosotros todos
los que perdisteis los trenes

Y también por vosotros
mi flauta hace girar los árboles
y el crepúsculo alza
los pechos y los mármoles

Las nubes son los pájaros
y el sol el palomar

Hurra
                                        Cautivos del bar

La vida es una torre
que crece cada día sobre el nivel del mar.

CANCIÓN FLUVIAL[2]

A Juan Gris

Por las praderas giratorias
pasa sólo una vez el río taciturno
cuando la noche toca su disco de gramófono
y los pájaros cuelgan de los árboles mustios

Aún las últimas gotas de luna
perfuman de alcoholes los mantos de la bruma
y el tren que iba bendiciendo el panorama
no perdió los kilómetros ni el compás de la ruta

Pero dejemos esto
y desciframos bien este libro de texto
que el sol nos ha legado
con una sola página herida en el costado

La araña telegráfica
distribuye la noche
y mientras en su jaula de cristal
reposa el pozo vecinal
yo veo que la estrella y el multicopiador
enojan al poeta que ha volado al portal

Hay que cambiar de rumbo
y como quien se lleva las flores del paisaje
cargar sobre los hombros el lírico equipaje

---

[2] Se publicó en *La Pluma,* Madrid, 1923, t. VI, pág. 438.

Surtidores maduros
que ofrecéis en las márgenes
vuestros intactos frutos
Es preciso pasar como los vientos castos
sin coger de los árboles los astros

Mirad las lavanderas
nutriendo de colores las limpias faltriqueras

La espuma que levantan
sube a la misma altura
que esa copla que cantan

                        La luna muele estrellas
                        sin música y sin agua
                        y el amor aburrido
                                  sube y baja
                        La marea es tu vientre
                        traspasado de gracia
                        y el amor desde el nido
                                rueda rueda
                        como el molino turbio
                              de la arboleda

Y por todo recuerdo
en el bolsillo mío el rumor de la presa
y un sabor de jabón en el remanso

                        Los puentes fatigados
                        sobre la orilla derecha
                        duermen en espiral como los gatos

Tan sólo los devotos pescadores
se arrodillan y esperan
que de su caña broten flores y banderas

La noche se derrama
y rompe el horizonte

Estamos terminando el drama

Los puentes de resorte
caminan de sur a norte

Y mi barca se ha dormido
sin hacer ruido

Una hora sube al cielo

Y en la cruz hacen su nido
la golondrina y mi pañuelo

Son las brisas del mar
las que cierran la noche y mi cantar

RIMA[3]

Homenaje a Bécquer

Tus ojos oxigenan los rizos de la lluvia
y cuando el sol se pone en tus mejillas
tus cabellos no mojan ni la tarde es ya rubia

    Amor   Apaga la luna

No bebas tus palabras
ni viertas en mi vaso tus ojeras amargas
La mañana de verte se ha puesto morena

Enciende el sol   Amor
y mata la verbena

---

[3] Se publicó en *Horizonte,* Madrid, 1923, núm. 5.

OTOÑO

*A J. Chábas y Martí**

Mujer densa de horas
y amarilla de frutos
como el sol del ayer

El reloj de los vientos te vio florecer
cuando en su jaula antigua
se arrancaba las plumas el terco atardecer

El reloj de los vientos
despertador de pájaros pascuales
que ha dado la vuelta al mundo
y hace juegos de agua en los advientos

De tus ojos la arena fluye en un río estéril
Y tantas mariposas distraídas
han fallecido en tu mirada
que las estrellas ya no alumbran nada

Mujer cultivadora
de semillas y auroras

Mujer en donde nacen las abejas
que fabrican las horas

Mujer puntual como la luna llena

Abre tu cabellera   origen de los vientos
que vacía y sin muebles
mi colmena te espera

---

* Juan Chábas y Martí, crítico literario, autor de un libro, *Espejos,* próximo a los postulados ultraístas.

NOCHE DE REYES

*A J. Díaz Fernández**

El niño y el molino
han olvidado su único estribillo

Se ha callado la rueda en mi bemol
alrededor del pozo
por donde sube el agua y baja el sol

La mano en la mejilla
piensan las chimeneas que volarán un día

Hoy no vendrá la luna
ni pasará el borracho
entre el portal abierto y la canción de cuna

Aquí al pie del muro
fatigado del viaje
el viento se ha sentado

El policía lleno de fe
apunta las estrellas nuevas en el carnet

Y sin lograr atravesar el barrio
las fluviales carretas
cabecean en vano

Sólo cantan alegres las veletas

---

* Autor de *El blocao* (1928) y *La Venus mecánica* (1929) dirigió la revista *Nueva España* y fue redactor de *El sol* y *Crisol*.

Las casas melancólicas
se peinan los tejados

Y una de ellas se muere
sin que nadie se entere

Esta noche no viene la luna
ni el farol al borracho le sirve de cuna

BAHÍA

A Luis Corona

Las semanas emergen
del fondo de los mares
y las algas decoran los bares

Para que tú te alejes y yo pueda cantar
esperaremos el regreso
del viento de artificio y de la pleamar

Por eso
y con un ruido que no es el de otras veces
en la bahía ha anclado
tu melena enmohecida
violín para los peces
y para los suicidas

Venid a ver las nubes familiares
en mi taller todas las tardes
Son los naipes del cielo que nadie ha marchitado

El humo de la fábrica
hizo su nido en mi tejado
para los fumadores
que en la cartera llevan
un muestrario completo de habituales colores

Y mientras yo modelo mi retrato columna
sobre los montes delicados
pisa desnuda la lluvia

En las manos me deja
su corona de espinas
y cantando se aleja
sobre los techos y los climas

Tu cabellera gime sin poder levar anclas

Embárcame contigo
timonel de las galernas
Que el enjambre goloso de tus lluvias
se me pose en el hombro y en la pierna

RECITAL

Por las noches el mar vuelve a mi alcoba
y en mis sábanas mueren las más jóvenes olas

No se puede dudar
del ángel volandero
ni del salto de agua   corazón de la pianola

La mariposa nace del espejo
y a la luz derivada del periódico
yo no me siento viejo

Debajo de mi lecho
           pasa el río
y en la almohada marina
cesa ya de cantar el caracol vacío

ALDEA

Del campanario va a volar el día
pero las nubes mías no han vuelto todavía

Ni han regresado los corderos
de su viaje a la luna sin pacer los luceros

                    Aplicando el oído sobre el césped
                    en vez del tren o el grillo
                    se oye una pieza de organillo

Y el pastor no sabe
que en su cabaña está la noche
y que el molino es el motor del baile

Las vacas del establo
quieren lamer el sol
                    plato del día
                    que sirven los pintores de fantasía

                    Es la hora del cigarro y de la jaula

Sin mirar el reloj pernocta el gallo
y las estrellas tristes contemplan al caballo

HOTEL

A Alfonso Reyes*

La frente sin laurel y sin sombrero
y el corazón para el color de moda

A cada nuevo baile
el reloj pierde el paso
y se equivoca de hora

El viento nace de tu manto
y acaricia las frutas
desgajadas del tango

Vendimia de las nubes pisoteadas
y de las músicas amadas

Y el ritmo de los suspiros
hace girar las parejas
y acercarse a nosotros el vestíbulo

Cerrando bien los ojos
pienso en las travesías
y en los hoteles que anclan la quilla envejecida

Son la islas trasatlánticas
donde crecen los mástiles
y dan frutos de invierno
donde los tísicos respiran
el oxígeno tierno

---

* Crítico, ensayista y poeta mexicano residió en España entre 1914-1924, integrándose en el grupo de poetas que revalorizó a Góngora. Colaboró activamente en la *Revista de Filología Española* y en la *Revista de Occidente*.

Al izar la bandera
esparce por los aires
plumas de cazadores y aromas de maderas

El otoño marchita corbatas y sombreros
y de la alfombra brota la primavera

Ruleta del azar y de las temporadas
Los jockeys de la moda sortean sus colores
Y aquel que pierde la jugada
tiene derecho a un vals para mudar de amores

Yo amo el buen tiempo y el hotel
y yo he visto mujeres de rizos calcinados
Las olas las rociaban de espumas de cocktail

CANCIÓN DE CUNA

A Céline Arnauld*

El viento de ida y vuelta
y el abanico en calma

El tren ha muerto en la estación de enfrente
y mi pañuelo cuelga de la rama más alta

Dejad que pasen los arroyos
Dejad que vuelen mis lágrimas
No permitáis en cambio que se acerquen
las ventajas lejanas

La noria seguirá
lavando los pañales
y la playa acunando
los naúfragos triviales

---

* Los poetas Céline Arnauld y su marido Paul Dermée, formaban parte con Maurice Raynal del grupo de teóricos de la estética cubista que, en 1922, conoció Gerardo en casa de Huidobro, en un momento decisivo para su vocación. Arnauld, autora de *Poèmes à claires voies,* 1920, figura entre los 71 «presidentes» de Dada; Dermée colaboró en *Nord-Sud,* la revista de Reverdy y luego con Osengant (Le Corbusier) en *L'Esprit Nouveau;* más tarde fundó la dadaísta *Z* y, por fin, funda *Le mouvement accéléré,* abierta a una tendencia superrealista.

VENDIMIA

Leñador del ocaso
que perfumas los astros a tu paso

Guarda bien el compás   buen leñador
y ten piedad del sol caído
único salvavidas del rubio nadador

Guarda bien el compás
pero no cantes jamás

Canción bajo los árboles sin sangre
y frente al mar de luto
En el parque hay un árbol desleal
y mi poema en flor ya se ha hecho fruto

                         Leñador musical
Tu canción la ha aprendido mi loro pasional
y a su medida justa desfilan los minutos

Quién no sabe el secreto del color
Rasgar la túnica del viento
y arrancar del humo póstumo
la fruta del amor

Pero tú leñador de las estrellas
no derribes sus hojas sobre el mar
que cuando el sol rescate la antigua primavera
se han de secar tu brazo y tu cantar

ADIÓS

Olvidados de la lluvia
se marchitarán mis dedos
No han de producir más flores
mis arrugados cabellos
ni la luna bajará
a coronarme el sombrero

Desde mañana
el sol ya no visita sus enfermos

Mujer
lavandera fragante
del vinoso atardecer
que grabaste en la luna tantas veces
los emblemas nupciales
y en un pico del mar mis iniciales

                    Mujer

Cuando te alejes lenta sobre tu propia vida
veremos caer el sol
y las frutas podridas

Mientras tú bebas tus risas
balará mi acordeón
buscando entre los arbustos
ritmos de tu corazón

Los grillos contarán tus pasos diminutos

Ni la luna se hará llena
aunque me digas

                        te quiero
ni ha de bajar ya la nieve
a bendecirme el sombrero

NOVELA

A Paul Dermée

La verja del jardín se ha cruzado de brazos

                El viento ladra entre los troncos

El auto que pasaba se llevó los sollozos
y apaciguó el estanque

Diríase que el sol
se ha burlado del parque

He aquí los tres policías
a investigar el rapto
buscando huellas de la huida
por las teclas del piano

A cada nuevo indicio
un pájaro falso traspone el edificio
y sometida al interrogatorio
una estrella muda marcha al suplicio

Prosigamos adelante

La infatigable carretera
va y viene sin cesar por la ladera
Son las cinco de la tarde
Junto al arroyo el agua
y a muy pocos kilómetros la primavera

La luna corre para llegar antes

Dónde están los amantes

Apenas las esquinas ciudadanas
se despidieron
                hasta mañana
cuando se vio saltar de un coche
del brazo traidor
la inesperada noche

El reloj de la torre dilató su pupila
Y los gallos despistados
cuentan una hora más de las precisas

En todos los rincones hay un bulto
y una luz cuelga del balcón

A cada paso del transeúnte
la luz cede y el cielo se resiente

Henos por fin ante el ladrón

El reloj ingenuo canta el crimen

Y entre el llorar de las cortinas
la luna estalla de pasión

La ciudad duerme en el sitio de costumbre

Y en el lugar del suceso
el farol asustado contempla al árbol preso

NIEVE

La noche marchó en tren
y el ala de mi verso se abre y se cierra bien

Hoy los corderos amontonan la risa

Es el día sin mar

Nunca estuvo tan cerca
la mujer hermosa
y el árbol escolar

La nieve sube y baja
y las orugas hilan la mortaja

PANORAMA

El cielo está hecho con lápices de colores
Mi americana intacta no ha visto los amores
Y nacido en las manos del jardinero
el arco iris riega los arbustos exteriores

Un pájaro perdido anida en mi sombrero

Las parejas de amantes marchitan el parquet

Y se oyen débilmente las órdenes de Dios
que juega consigo mismo al ajedrez

Los niños cantan por abril
La nube verde y rosa ha llegado a la meta
Yo he visto nacer flores
entre las hojas del atril
y al cazador furtivo matar una cometa

En su escenario nuevo ensaya el verano
y en un rincón del paisaje
la lluvia toca el piano

NUBES

A Eugenio d'Ors

Yo   pastor de bulevares
desataba los bancos
y sentado en la orilla corriente del paseo
dejaba divagar mis corderos escolares

Todo había cesado
Mi cuaderno
            única fronda del invierno
y el kiosko bien anclado entre la espuma

Yo pensaba en los lechos sin rumbo siempre frescos
para fumar mis versos y contar las estrellas

Yo pensaba en mis nubes
                        olas tibias del cielo
que buscan domicilio sin abatir el vuelo

Yo pensaba en los pliegues de las mañanas bellas
planchadas al revés que mi pañuelo

Pero para volar
es menester que el sol pendule
y que gire en la mano nuestra esfera armilar

Todo es distinto ya

Mi corazón bailando equivoca a la estrella
y es tal la fiebre y la electricidad
que alumbra incandescente la botella

Ni la torre silvestre
distribuye los vientos girando lentamente
ni mis manos ordeñan las horas recipientes

Hay que esperar el desfile
de las borrascas y las profecías
Hay que esperar que nazca de la luna
el pájaro mesías

Todo tiene que llegar

El oleaje del cine es igual que el del mar
Los días lejanos cruzan por la pantalla
Banderas nunca vistas perfuman el espacio
y el teléfono trae ecos de batalla

Las olas dan la vuelta al mundo
Ya no hay exploradores del polo y del estrecho
y de una enfermedad desconocida
se mueren los turistas
la guía sobre el pecho

Las olas dan la vuelta al mundo

Yo me iría con ellas

Ellas todo lo han visto
No retornan jamás ni vuelven la cabeza
almohadas desahuciadas y sandalias de Cristo

Dejadme recostado eternamente

Yo fumaré mis versos y llevaré mis nubes
por todos los caminos de la tierra y del cielo

Y cuando vuelva el sol en su caballo blanco
mi lecho equilibrado alzará el vuelo

CUADRO

A Maurice Raynal

El mantel   jirón del cielo
es mi estandarte
y el licor del poniente
da su reflejo al arte

Yo prefiero el mar cerrado
y al sol le pongo sordina
Mi poesía y las manzanas
hacen la atmósfera más fina

Enmedio la guitarra
                     Amémosla

Ella recoge el aire circundante
Es el desnudo nuevo
venus del siglo o madona sin infante

Bajo sus cuerdas los ríos pasan
y los pájaros beben el agua sin mancharla

Después de ver el cuadro
la luna es más precisa
y la vida más bella

El espejo doméstico ensaya una sonrisa
y en un transporte de pasión
canta el agua enjaulada en la botella

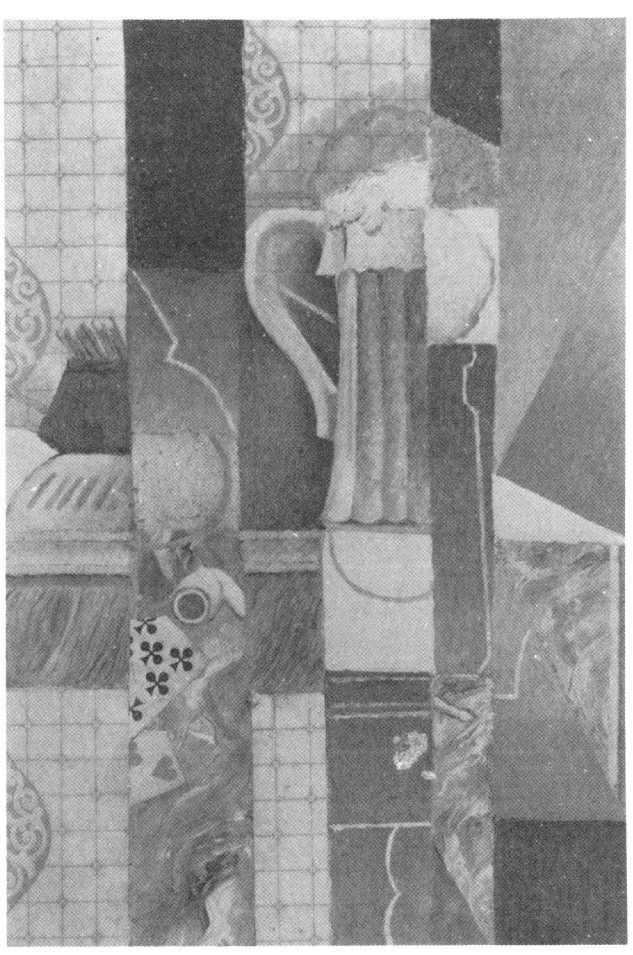

CAMINO

A Jorge Guillén

Yo ya sé que es estéril
la rueda indagatoria
pero esta puerta de aspas será siempre mi noria

Las manos vacías suben
Las estrellas se van
Mis monedas son flores
y un día se mustiarán

Desde aquel día ya no habrá pastores

La calle cambia de postura
como mi barca semanal
La misma luna vive
de un ritmo vegetal

Dejemos el compás para el joven poeta
y a los astrónomos la ruleta
Las mariposas de hoy aman la oficina
Y esto no se interpreta
                                  Nuevo día

Sin embargo yo soy el que ayer se moría
cuando cada farol era una herida mía

En la estación del alba
han fijado el cartel
El sol consulta diariamente su ruta
y se provee de miel

A la orilla gastada del camino
mi sombra y yo nos despedimos

Y el tren que pasaba
ha dejado mis manos colmadas de racimos

ALEGORÍA

Vedme aquí caminando sobre mi propio verso
como el barco de la tarde
que deja sobre el mar un reguero de sangre

No os acerquéis vosotros a escucharme

                        ganadores del pan
                        y del licor de amor

Ya murió el último intérprete
Llevaba en la mano la flor natural

                    Belleza sin jornal
                    Belleza clásica
                    de mi violín estival

Los pájaros aprenden mis endecasílabos
y la lluvia afina su guitarra enmohecida

Pasan bailando los días
Cada uno inventa una nueva figura
Y no creáis que esto es un juego

Es el verso sin humo
o el mar que se inaugura

Mi llave abre los trajes
y les extrae la carne interior

Corazón del vestido
Guadarropa y poesía sin dolor

NOCTURNO

A Manuel Machado

Están todas

También las que se encienden en las noches de moda

Nace del cielo tanto humo
que ha oxidado mis ojos

Son sensibles al tacto las estrellas
No sé escribir a máquina sin ellas

Ellas lo saben todo
Graduar el mar febril
y refrescar mi sangre con su nieve infantil

La noche ha abierto el piano
y yo las digo adiós con la mano

PASIÓN PENÚLTIMA

En su trineo bien atado
las golondrinas traen el viento
que encontraron en el pozo
                     durmiendo

Probablemente hoy cantarán los amantes
y harán vivo el espacio las estrellas errantes

Hoy se siente romántico
el reloj en mi pecho
Y mientras pasa el marino
fumando su destino
el viento hace nacer las alas de mi lecho

Es la hora decisiva
La única hora todavía viva

Árboles del camino
Mañana ensayaréis vuestro saludo en vano
Sin embargo
             algo queda

La estela de mi verso conduce al aeroplano
y los corderos llenan de humo la alameda

ECO

A Rodolfo Halffter

Repertorio del mar
Todos los días muda de programa y de traje

Cuánta música apócrifa
                            Cuánto dolor teñido
Y cómo copia el cielo
                      su tela y su oleaje

Un velero naufraga
y canta y canta y canta mi pañuelo

Se va alejando el mar
A veces se inclina un poco a la derecha
Pero siempre son nuevos sus versos de romance
mar exangüe de tantos mástiles y flechas

Los peces laboriosos
trenzando y destrenzando estelas

Está ya viejo el mar
Ya no puede cantar

y los navíos que cruzan
se deshojan de malestar

El color es ya aroma
y la música brisa

El último naufragio hoy a las seis

Mi flauta y la luna
hacen la espuma

LLUVIA

*A G. Jean-Aubry**

Puente arriba puente abajo
la lluvia está paseando
Del río nacen mis alas
y la luz es de los pájaros

Nosostros estamos tristes
Vosotros lo estáis también
Cuándo vendrá la primavera
a patinar sobre el andén

El invierno pasa y pasa
río abajo río arriba
Le ha visto la molinera
cruzar con la cabeza pensativa

El árbol cierra su paraguas
y de mi mano nace el frío
Pájaros viejos y estrellas
se equivocan de nido

Cruza la lluvia a la otra orilla
No he de maltratarla yo
Ella acelera el molino
y regula el reloj

El sol saldrá al revés mañana
y la lluvia vacía
volará a refugiarse en la campana

---

* Jean-Aubry, crítico y escritor musical, nacido en París, fundó y dirigió en Londres, en 1919, la revista *The Chesterian*.

VENTANA

A José Bergamín

El violín descorre la cortina

Pende de un clavo la ventana

Aún está clausurado el paisaje

El sol   balón de oxígeno
mantiene puro el cuadro
y la lluvia hace el barnizaje

Esta casa está viva
Dos veces por minuto
la ventana respira

Y de mis manos surge
esta humareda votiva

En la pared el cuadro muere todos los años

Yo soy el pianista otoñal
Yo abro y cierro la noche como un libro
e intepreto la música
de mi cielo manual

                         Podéis elegir

                     La hora y la puerta

Pero después de amar hay que morir

El viento deja de nuevo en blanco mi cuaderno

Otra vez a empezar

No busquéis en el techo al planeta paterno

ESPECTÁCULO

*A Francisco Vighi**

A la derecha un resplandor

Es el rubor del cielo
o el calcetín inmaculado
arco iris del suelo

Todo está intacto

El pichón aprende el canto
y las reglas del vuelo
Hoy se renueva el río y el amor sin pacto

La música dirige el concilio de dioses
y la luna hace el entreacto

                            Otra vez el mar

Se ha declarado en huelga
y no quiere acompañar

El piloto descuida la estrella y el violín
y mi mano abanica los veleros cansados

Es como un solo de jardín
entre el murmullo de los prados

---

* Vighy, poeta próximo al ultraísmo. Publicó en *España* y en las revistas de vanguardia una poesía impregnada de humorismo. Así lo recuerda Gerardo Diego como un hombre muy simpático y de un humor excelente.

                          Buenos días

Es la primera vez que sale el sol sin hacer ruido

Y yo consulto en la guía
dónde se hace el trasbordo sin cambiar de vestido

Pasan las horas llevando mi equipaje
No sé si llegaré a tiempo al desenlace

Las estrellas se relevan por turno

                    Última hora

            Un instante se ha visto

                         Era el astro anular
                         o la aureola de Cristo

El bosque y la orquesta lloran

En mi reloj son las cuatro

Cae sobre el mar la lluvia
como un telón de teatro

Versos Humanos

*A José María de Cossío,
profesor de entusiasmo*

Poesía de circunstancia.
Trazo fino, leve perfil.
Que una lejana resonancia
envuelva el concreto marfil.

Que el vuelo bien cautivo siga
la órbita de una previa pauta.
No se cante el verso, se diga.
El cielo es largo y la hora cauta.

Regresa el pájaro a la jaula
abierta —se entiende— y teórica.
Y es grato renovar el aula
polvorienta de la retórica.

Y desde dentro ver volar
y volar dentro ¿por qué no?
Tiempo eterno, espacio estelar
los mide el radio del reloj.

Servidumbre por cortesía
que es legítima libertad.
Hoy la poesía se quería
vestir de lesa humanidad.

Vieja estrofa y literatura
y aceptar toda ley escrita.
Dice el refrán —verdad madura—
que lo que se da no se quita.

Qué encanto revivir la eterna
distribución del propio hogar,
y volver a sentar la pierna.
en el taburete escolar.

*Y ver cómo el verso se brinda
a ser un juguete de amor,
aunque tal vez curvo se rinda
al equipaje abrumador.*

*Fiel canastillo de tristeza,
de flores lívidas rebosa
quizá, mientras su dueño reza
—desnuda la cabeza— ante una losa.*

*O bien, paloma mensajera
dócil al bello aprendizaje,
vuela al amigo que la espera,
llevando en el pico el mensaje.*

*Efusión, ejercicio, apunte.
Voces de amor y de amistad.
Permitidme que aquí os junte.
Vida, Arte, Mitad y mitad.*

*Verso obediente, verso humano;
gracias por tu ayuda ejemplar.
Saldremos mañana temprano
a volar libres, a volar.*

Sonetos

Cauteloso arquitecto de colmena[1],
voy labrando celdilla tras celdilla
y las voy amueblando de amarilla
miel y de cera virgen y morena.

   Miel, flor de flores, que unta y envenena
de loca dulcedumbre nuestra arcilla;
y cera, que es espíritu, que brilla
y arde de amor y se consume en pena.

   Burlo y venzo después toda aspereza
y rindo suave al tacto la corteza
y a la vista armonioso el edificio.

   Y mi soneto es alta flor de tela
que exhibe ardiente y pudorosa cela
piel de emoción y hueso de artificio.

---

[1] Se publicó en *Escorial,* 1940, Madrid, 1932, y en *Alondra de verdad,* Madrid, 1944, con las siguientes variantes:

1 cauteloso
5 unge
6 alada
8 y en figura de fuego se enajena.
9-14 Abejas, abrasad la fortaleza.
     Lenguas de oro exalten su corteza
     y transverberen su volumen puro.

     Vive, soneto mío, altiva llama;
     canta para el que sueña y el que ama,
     sin consumirte ardiendo hacia el futuro.

TEORÍA

Sólo tres veces mi mirada ilusa
te contempló. Y en mi álbum, pertinaces
tres siluetas precisas y fugaces
grabaste. A tu esquivez ya no hay excusa.

Si aunque lejana, efímera y confusa,
si aunque invisible eterna, no deshaces,
no oscureces la impronta, hagan las paces
mis ojos y tu imagen inconclusa.

Tu femenil curiosidad querría
saber quién soy. Yo soy aquel que un día
—*ille ego qui quondam*—. Pero creo

que el secreto es mejor. A su princesa
el paladín del cisne no confiesa
su nombre, ni yo el mío a tu deseo.

Mi nombre es la bandera jamás vista
impaciente de entrar en el combate.
El nacido cautivo que el rescate
año tras año espera. Ya optimista

pregona mundos nuevos la conquista,
y el extraño argonauta va en su yate,
clavado en el costado el acicate,
al vellocino que quizá no exista.

Yo le veo avanzar sobre las ondas,
unánimes las velas y redondas,
abriendo un haz de líquidas centellas.

Mi nombre espera. Un día y otro día
lo están fraguando en lírica aljamía
con perdurables signos las estrellas.

¿Orgullo? No. Tú sabes que el poeta
vive de tres amores. Musa esquiva.
Gloria imposible para mientras viva.
Tornadiza mujer de ardua saeta.

Musa y gloria ¿qué importan si a la meta
la frente amarga de laurel y oliva
no halla una mano fresca y compasiva
que humanice su órbita indiscreta?

Mujer: tú puedes ser las tres mujeres,
los tres amores, tres distintos seres
en una única estatua eterna y viva[2].

Que al menos cuarta vez mi vida cruces
y dejes a tu paso nuevas luces
de tu perpetua imagen fugitiva.

A veces simplemente un leve gesto,
una mirada apenas permitida
justifican de pronto nuestra vida
y un sino la señalan manifiesto.

---

[2] En su *teoría* amorosa acude Gerardo Diego a la obra de Bécquer en una clara alusión que demuestra, una vez más, su admiración por el autor del *Libro de los gorriones,* que se convertirá en una clave fundamental para la generación del 27.

Interviene el análisis. ¿Qué es esto?
Y abandonada al divagar la brida,
se ensancha el horizonte de la herida
frente a la irradiación de lo supuesto.

Y aquellos ojos casi no aprendidos
relumbran con isócronos latidos
en el cielo tenaz de la memoria.

Aquellos ojos tal vez inocentes
de que iluminan cándidos y ausentes
los rasgos de una fábula ilusoria.

Ilusión. Realidad. Ay, es preciso
que nos salga al encuentro una silueta
de mujer —carne y alma— que someta
nuestro voluble espíritu insumiso,

que haga fulgir en acerado viso
nuestra turbia mirada, que al poeta
le haga salir de sí, de esa su quieta
estéril experiencia de narciso.

Qué fácil es soñar después de verte
cuando cruzas —tan lejos— mi camino.
Y qué difícil este sueño abstracto,

cerrados bien los ojos al sol fuerte
y abiertos a aquel rastro peregrino
que aún de tu paso luce ardiente, intacto.

Pero es lo mismo. Lo que pretendemos,
lo que un día intuimos o soñamos
es la sola verdad. Somos los amos
de nuestros sueños. Ciegos Polifemos,

entrambas manos firmes en los remos,
el corvo litoral solicitamos,
y las núbiles frutas en los ramos
avariciamos lánguidos y extremos.

¿Quién nos podrá quitar la no sabida
gloria de nuestro espíritu? Celosos
disimulos. Callemos. Los profanos

ojos nunca sabrán de su guarida.
E irá filtrando silenciosos posos
el licor de la vida en nuestras manos.

Y así el sueño y la vida son dos fieles
amigos en constante paralaje
y emprendemos unánimes el viaje,
puestos de acuerdo ya los dos rieles.

Y así, mujer, aunque ahora te receles,
como en verdad te vi, mi pupilaje
pagué a la realidad. Gusté el brebaje
e hice el milagro de volverlo mieles.

Con tus tenues, lejanos beneficios
voy atendiendo a taponar resquicios
de esta fábrica frágil de entresueño.

Y aunque tú no me ayudes con tu arrimo,
yo he de seguir velándola con mimo,
y encubriéndola al riesgo más pequeño.

Sin descifrar el íntimo acertijo
van devanando su destino exacto
—ellos qué saben del autodidacto—
los mendigos de espíritu. Yo exijo

mi ración de infinito. Yo dirijo
mi representación y mi entreacto
y modelo febril, dócil al tacto,
la ímproba flor que de mi sueño erijo.

　Lírica voluntad de mi camino
contra la pauta impresa del destino.
Burla soberbia del azar artero.

　Pero tú eres mis alas. Vuelve pronto.
Pues no alzaré sin ti el vuelo rastrero
y quebraré la curva del tramonto.

　Y pues que tú mi oscuro nombre ignoras,
yo he de guardar el tuyo en el secreto.
Nadie lo ha de saber. Yo pondré el veto
a las curiosidades avizoras.

　No faltará quien piense que decoras
—poético pretexto— mi soneto,
cuando es tu realidad la que interpreto
en estas rimas transfiguradoras.

　Tú me diste tu luz. De tu contorno
he vestido mi verso y mi destino
y en escorzo apresado a ti lo torno.

　Mas no apuro el perfil. Lo difumino.
Toma mis versos. Ríndete al soborno
y haz tu estela tangente a mi camino.

(EPÍLOGO)

Por fin mis ojos áridos de sueño[3]
te han vuelto a ver. Y ha sido una mañana,
como la vez primera, tan lejana
que se me borra casi aquel diseño.

　Soplaste de mi frente el torvo ceño
que anudaran la fiebre y la desgana,
y eres ya en tu presencia meridiana
la flor tenaz de mi imposible empeño.

　¿Cómo pedirte más? Ya es excesivo
pago para mis versos ser tú el vivo
pasto celeste de mis ojos lentos.

　No me niegues los tuyos que se abreva
en ellos ya, sin que otras fuentes beba,
mi rebaño de ardientes pensamientos.

---

[3] Se publicó en *Boletín de la Biblioteca Menéndez Pelayo,* Santander, 1923, t. V, págs. 158-160.

VOCACIÓN

Yo te invité a bailar. Y tú sumisa
te colgaste indolente de mis brazos.
Y estrechando sus giros y sus lazos
nos unía una rítmica precisa

en un latir confuso de regazos.
Grave, muda ibas tú; ni una sonrisa,
ni una sombra en tu frente, clara, lisa,
ni una presión gradual en tus abrazos.

Y yo pensaba entonces: alma, instinto,
y añadía: mujer. Y te auscultaba
tus trémulas, secretas voluptades.

   Pero no era eso, no. Era distinto.
Era que tras tus ropas palpitaba
un casto anhelo de maternidades.

HOJA DE ÁLBUM

Un álbum de mujer. Hoja tras hoja,
mariposas del arte labran huellas
frágiles, luminosas, como estrellas
que sangran luz pálidamente roja.

Frivolidad profunda. Paradoja
que es una ciencia bella entre las bellas.
Licor de álbum. Herida de botellas
que un corazón más que unos labios moja.

Pero cuando eres tú la catadora,
que sabes el sabor de cada hora
destilado en la miel de lo perfecto,

sus falsas lentejuelas no sacude
mi mariposa híbrida de insecto,
y en su pudor todo contacto elude.

ENVÍO[4]

Como hoy empieza abril y nada esperas
de una amistad que hacia el desdén deslizas,
quiero enviarte estas flores primerizas.
Cuiádalas bien, mujer. Si tú supieras...

   Allá van a tus brazos prisioneras,
con la ilusión de ver si tú las brizas,
por ver si compasiva las bautizas
de lágrimas que en vano prohibir quieras.

   Las guardarás después en tu museo,
junto a las otras, ¿no? Yo así lo creo.
Nunca —te dije— las verás marchitas.

   Levanta el rostro y mira en las praderas
celestes las perennes primaveras
de aquellas inmortales margaritas.

---

[4] *Ídem,* nota 3.

CANTO DE BODA[5]

A P. S. y J. M. del C.

Por festejar, amigos, vuestra boda
se corona de flores mi barbecho,
y arrebolado el pájaro del pecho
mide su canto en el compás de moda.

   La vida, esposos nuevos, vuestra es toda
y a vuestro entrelazado vuelo estrecho
el techo será cielo, el cielo techo
y árbol de luz que nunca sufre poda.

   Cuando crucéis, las manos en las manos,
en los ojos los ojos, los profanos
paisajes florecidos, yo quisiera

robar a vuestro amor sólo un minuto.
Pedid que al torpe célibe —flor, fruto—
le contagie y le salve primavera.

---

[5] *Ídem.*

CONCHA ESPINA
Y SU JARDÍN[6]

Que la luna lo sepa y no lo cuente.
Que lo aprenda la estrella y no lo diga.
Y tú tampoco, hermana, novia, amiga:
no descubran los labios a la frente.

Pasa tú en paz, oreo del relente;
tu vuelo en muda discreción prosiga.
Y tú, a quien vieja tentación instiga,
murmuradora, charlatana fuente.

Dejadme a mí la gloria del secreto.
Este jardín umbrío y recoleto
no es, por cierto, el jardín de Concha Espina.

Es ella misma. Escucha cómo late
su corazón, cómo la brisa bate
su amarga cabellera femenina.

---

[6] Se publicó en *La Atalaya,* Santander, 31 de mayo de 1924.

EL CIPRÉS DE SILOS

A Ángel del Río

Enhiesto surtidor de sombra y sueño
que acongojas el cielo con tu lanza.
Chorro que a las estrellas casi alcanza
devanado a sí mismo en loco empeño.

   Mástil de soledad, prodigio isleño;
flecha de fe, saeta de esperanza.
Hoy llegó a ti, riberas del Arlanza,
peregrina al azar, mi alma sin dueño.

   Cuando te vi, señero, dulce, firme,
qué ansiedades sentí de diluirme
y ascender como tú, vuelto en cristales,

como tú, negra torre de arduos filos,
ejemplo de delirios verticales,
mudo ciprés en el fervor de Silos.

Nuevo Cuaderno de Soria

Cigüeña, vieja amiga de las ruinas,
la del pico de tabla y el vuelo campeador.
Cigüeña que custodias las glorias numantinas.
Cigüeña de las peñas de Calatañazor.

Amiga mía, yo te vi en un cuento,
alado laberinto sobre una sola huella,
y aplaudí contra el zorro tu astucia en el comento
del plato y la botella.

Yo soñaba contigo, roja y blanca
sobre el nido de leña;
o en el vuelo extendida —pico, cuello, ala y zanca—
pero tú no bajabas a mi ciudad costeña.

Tú eras entonces milagrosa y buena,
hada madrina de los campanarios.
Cuando la nube amaga y la tormenta truena
guardabas del pedrisco los tesoros agrarios.

Ahora ya conozco tu apostura
tu lento vuelo sesgo, tu paso señoril,
cigüeña de San Blas que nos augura
el luminoso abril.

Y así siempre te busco cuando voy de camino
y detengo mi ruta para verte volar,
y te envidio, cigüeña, tu bifronte destino,
tus inquietudes nómadas, tu constancia de hogar.

Pero dime ¿por qué a Soria no llegas?
¿por qué adusta la excluyes de tu decoración?
Posa en ella tu casa. Tus alas aldeaniegas
humanicen la torre del Espino[7],
arrodeen la ermita cimera del Mirón.

Veríante los chicos al salir de la escuela
—lección flexible de tu vuelo a vela—.
Veríante mis ojos
—magisterio de estilo, aventura y tutela—.

En ti como en esfinge lentamente maduro
más sentidos cordiales del burgo y la meseta,
e inscribo mi futuro
en tu perfil que todo lo interpreta.

Todo. También, mocitas, vuestros sueños devana.
Vuelto de espaldas teje recuerdos el poeta,
mientras hiláis vosotras el prudente mañana.
Que os vele el sosiego la esfinge castellana.

---

[7] El Espino es el cementerio soriano y en él reposan los restos de Leonor la esposa de Antonio Machado que el 29 de marzo de 1913 le escribe a José María Palacio y le pide sumido en la nostalgia que suba al Espino, al *«alto Espino donde está su tierra»*.

Viento que el Urbión desata,
que el Moncayo nos envía
cuando la mañana asciende,
cuando la tarde declina,

cuando escoltada de estrellas
que su carromato aguijan,
la larga noche fecunda
de tumbo en tumbo camina.

   Viento frío, entre las nieves
pañales de tus puericias,
jugabas a la pelota
contra las rocas macizas.

   Y ya adulto abofeteas
las invencibles encinas,
y los caminos arañas
y los astros esmerilas.

   Nos arrebatas las flores,
nos violas crudo las brisas,
y de mármoles que robas
esculpes nubes bravías.

   Yo te odio si de los chopos
arrancas arpegios de ira,
si en los hilos telegráficos
ensayas tus chirimías.

   Maldito seas. La frente
tú me la dejas barrida
y me avientas de los ojos
un rescoldo de cenizas.

Seas maldito. Molinos
no diviertan tus fatigas.
No rasguen libres veletas
tus entrañas de delicias.

No halles frondas cuyas telas
desgarren tus uñas lívidas,
frondas en el mayo verdes
o en el octubre cobrizas.

Sigue esclavo dando vueltas
a la turbina infinita,
sigue afanoso en la noria
de las noches y los días

La sombra de las rocas sobre el río en remanso
baja en escala aérea como a velar su sueño.
Las manos en la nuca, entre juncos descanso
con la mirada alta en el vuelo aguileño.

La sierra al otro lado la curva fluvial ciñe
y refleja en el río su piedra gris y malva.
Sobre el nivel preciso de la sombra se tiñe
de zumo de sol viejo su dolorosa calva.

Una barca a la orilla está invitando al viaje.
A lo lejos trabaja y discurre la presa.
Alguna vez en sueños yo me embarqué. El paisaje
era éste —lo recuerdo— y la barca era esa.

Las peñas eremíticas a través de una gasa
flotante y luminosa en el aire cernido,
y un teológico cuervo que hacia la izquierda pasa,
en el pico la hogaza en lugar del graznido.

Dejemos que la vida mansamente nos fluya.
Dejemos que la sangre resbale de la herida.
Que el hondo pensamiento en aire se diluya
y se lo lleve el aire trabado de la brida.

Y así mientras ajena nuestra conciencia flote,
las manos en la nuca y lejanos los pies,
desfilará en su barca de encanto don Quijote
o en su cuna de mimbres el infante Moisés.

Plazuelas solitarias.
En diagonal de urgencia
os cruza el caballero,
la dama os atraviesa.

  Sólo los chicos ágiles,
las recientes doncellas,
juegan en vuestros ángulos,
en vuestros bancos sueñan.

  Desde mi piso alto
te contemplo, plazuela,
desnuda de jardines
florecida de arenas,

las seis acacias —llanto
de las seis cabelleras
compuestas y rizadas
que el viento no despeina—.

  Soledad de once meses
soñando con las fiestas.
Columpios y charangas
y luces de la feria.

Disimulada y frágil como un nido
eres desde la paz de tus andenes,
libre de humo y carbón, limpia de ruido,
la estación de los sueños y los trenes.

Emigran y regresan por tus vías
vagones con aperos de labranza,
locomotoras de olvidados días
dulces viajeras rumbo a la esperanza.

Tú a todos muda y casta los acoges,
los despides, sensible al desconsuelo,
y grabas en su alma —íntimos bojes—
la sonrisa, la lágrima, el pañuelo.

Por ti se va, no a la ciudad doliente[8]
sino al largo, torcido laberinto
del mundo. Soledades del ausente
vendrán luego a morir en tu recinto.

Viajeros del amor y la fortuna
de ti hicieron la llave de sus sueños.
Crujió la cerradura. En parte alguna
vieron cuajar los sueños halagüeños.

No, tren mansueto de orden e ironía
que vas rezando el hilo del trayecto.
Tú eres cauce ejemplar de la poesía,
motivo a la presión del intelecto.

---

[8] Se refiere Gerardo al primer verso, Canto III, del Inferno de la *Divina Comedia:* «Per me si va ne la città dolente» de los nueve inscritos sobre la puerta del Infierno como advertencia a las almas que entran en el reino del dolor.

Los entresueños de la madrugada
son tus leves, divinos acarreos
entre pinos de línea torsionada,
por las trincheras de color burdeos.

Sobre la recta esbelta del viaducto
cuyo fragor avisa el fin del viaje,
invitando a gozar —breve usufructo—
los líricos abismos del paisaje.

Momento que el zagal contempla absorto
desde el arroyo, la cabeza alzada:
el verde de hojalata del tren corto,
puente violeta y piedra sonrosada.

Estación de la paz. Viajes beatos
de luminosa, inmarcesible estela.
En mi álbum de paisajes y retratos
los vuestros guardo en múltiple acuarela.

Canta siempre y todavía
agua del Duero delgada.
En el recodo la umbría
te pule como a una espada,
camino del mar baldío.
*Tardes de hastío
junto a las márgenes del río.*

Arriba el castillo viejo
se va tornando teatral
del amarillo al bermejo,
del bermejo al cardenal.
Pronto morirá de frío.
*Tardes de hastío
junto a las márgenes del río.*

La tarde se queda yerta
entre las rocas macizas.
Es más morada la huerta.
Más verdes las hortalizas.
Y más blanco el caserío.
*Tardes de hastío
junto a las márgenes del río.*

Cantaba la lavandera
de un amor que al viento duda.
Suda el árbol de madera.
El santo de piedra suda.
Y el sudor es el rocío.
*Tardes de hastío
junto a las márgenes del río.*

Noche ya. Atravieso el puente,
puente de color de harina,
entre el cristal del relente
y el halo de la neblina.
Vendrá otro tiempo mejor.
*Mañanas de amor
bajo los árboles en flor.*

RETRATOS

MARIANO ÍÑIGUEZ

Este señor de barbas vegetales
y de mirada entre risueña y dura
gusta de orzar la proa a la aventura
sin miedo a los posibles vendavales.

 Siega muslos, trepana parietales
y los huesos encaja en coyuntura.
Mas vedle diseñando con dulzura
los mapas y las gráficas puntuales.

 Arbitrista de espiritu, proyecta
magnánimos ensueños no aprendidos
sobre la fauna de los libros raros,

y aunque libre y rebelde a toda secta,
se le humanizan tiernos los sentidos
viendo crecer al hijo de ojos claros.

MARIANO GRANADOS

¿De quién la libre frente y la sonora risa?
¿De quién es ese cuello de altivez española
que le vierais, surtiendo de almidonada gola,
tan suelto como hoy brota de la abierta camisa?

Es Mariano Granados. Una musa insumisa
le inspira cada hora el gesto irreparable.
En crisis de naufragio, suyo sería el cable
pues suya es la esperanza y la fe que improvisa.

En el mitin llamea su apostólica blusa.
El foro cordializa su generosa toga.
Su estela de bencina deja fragante el Duero.

Por prieto el horizonte de Castilla rehúsa,
y un día, la mirada libre y abierta, boga
rumbo largo a las Indias por el oro y el fuero.

PEPE TUDELA [9]

La dehesa estrenaba el verde de su sayo.
Era tras de la misa el domingo de mayo.

Una silueta aguda de pronto se revela
esbelto canon gótico—. Dije: Ese es Pepe Tudela.

Sin conocerle era la identidad bien clara.
Mil que con él vinieran, nunca le equivocara.

Bermeja y satinada le ardía la mejilla
del color que la piedra toma al sol de Castilla.

Sus ojos revelaban un perenne estupor
y era su risa un gozo de hermanito mayor.

Su hablar tenía un dejo agudo de honradez franca,
como el de don Miguel, rector de Salamanca.

Después viví a su lado la ciudad y el paisaje,
y el sentido del árbol y del mueble y del traje.

Su apasionada charla se abría en la tertulia
y era el claro fermento de la indolente abulia.

Huraño y silencioso, a su lado aprendí
a empezar a amar todas las cosas porque sí,

---

[9] Mariano Íñiguez, Mariano Granados y Bernabé Herrero forman el grupo de los amigos sorianos de Diego, a los que se sumó Pepe Tudela, familiar de Herrero y también soriano, pero entonces residente en Segovia. Herrero escribió también poesía. Granados fundó *La voz de Soria* en la que colaboró el grupo. Tudela desempeñó interinamente la dirección de la Biblioteca Nacional.

porque todas son buenas como el Dios que las hizo
y hay que estudiar sus gestos y sorprender su hechizo

y —alterno apostolado de biología andante—
canjear las estampas del mundo circundante.

La risa sin sentido de las niñas precoces
que rezuman sus labios impacientes de roces.

La sabrosa malicia de los adolescentes,
el modesto apetito de glorias inocentes

que el pequeño grande hombre apenas disimula,
el egoísmo magnífico con que sacia su gula

un menudo heliogábalo de tres años rollizos,
la niña que aún no muda los dientes primerizos

y sabe ya que es niña y se prueba collares
y se atusa en las sienes húmedos aladares.

Sólo el amor desata el propio laberinto
porque la vida es santa y es sagrado el instinto

y el corazón que ama —Fr. Luis lo dice— sabe
abrir y cerrar cielos y tierra con su llave.

Alado verso mío, a Soria la alta vuela
y un despierto saludo lleva a Pepe Tudela.

CARNAVAL DE SORIA

A Bernabé Herrero

Carnaval, triste alegría
de los corazones viejos.
Vacación y algarabía
de estudiantillos vencejos.
Carnaval, sueño de un día
para la niña pintada
que se mira en los espejos.
Recelo de la casada
que oye el bullicio a lo lejos.
Mísera carnavalada
sobre la tierra apagada
que se olvidó de soñar.
Carnaval de Soria helada,
yo te quería cantar.

El carnaval callejero
es rico en literatura.
Buen día para el prendero.
Mejor para la pintura.

 (Carnavales de Evaristo
Valle, tintos de licores.
Los mascarones que ha visto
transfiguran sus colores.

 Los peleles de badana.
El marica, el charlatán.
Lira de José Solana.
Paleta de Valle Inclán.)

 Pobres ensueños grotescos
de la cotidiana arcilla.
Carnavales pintorescos
de los pueblos de Castilla.

 También en Soria el absurdo
triunfa en gritos de color.
Pero hay junto a lo palurdo
un aroma de folklor.

 Una alusión romeril,
una fragancia aldeana
en aquel verde mandil,
en aquel pañuelo grana.

 Es la misma alma modesta
del pueblo que danza y grita
cuando celebra la fiesta
en el prado de la ermita.

Recelada en su rebozo,
la anciana, desde el portal,
contempla el agrio alborozo
y no entiende el Carnaval.

Ríe la mocita inquieta
de mejillas coloradas
mirando al cielo violeta
que se alza entre las fachadas.

Y arco iris de papel
desde balcón a balcón
tienden un puente babel
de rizada ondulación.

Carnaval del casino. Señoritas
que charlan y que ríen bajo el techo
pintado de bucólicas marchitas,
de humo de tabaco y vaho de pecho.

También el piano muestra sus extremas
teclas —graves y agudos— amarillas,
del color que adolecen en las yemas
los dedos barnizados de colillas.

Es la noche de gala del casino.
Inaugura la orquesta su programa
(hay fado portugués, tango argentino)
y entra indecisa la primera dama.

El baile luego se contagia y crece.
Maja, odalisca, apache y holandesa.
Y un negro capuchón conduce y mece
a una frágil pintada japonesa.

Bellas horas de cándida mentira.
Bella ilusión de no ser uno mismo,
de abrazar en el talle que suspira
una silueta de romanticismo.

Después el refrigerio en el descanso.
Las muchachas, rosadas y encendidas,
piensan, tras la aventura, en el remanso
mientras escancian ellos las bebidas.

Llega la hora de la madrugada.
Cristal de hielo en la desnuda frente.
Una risa, una voz, una palmada
y un dormir plúmbeo de convaleciente.

Carnaval de Soria.
Carnaval de Niza.
La carne ilusoria
se torna ceniza.

Tres horas fugaces
en el año lento.
Seda de disfraces
que se lleva el viento.

Pero hay algo eterno
que el sol no consume.
Un contacto tierno.
Un leve perfume.

Carnaval soriano.
Carnaval pequeño.
Yo soñé en tu mano.
Prolonga mi sueño.

Glosas

Déjame vivir verdades:
la verdad de tus miradas,
la de tus apasionadas
promesas de eternidades,
y entre tus sinceridades,
la doble verdad querida
con que llaman a la vida
tus dos palmas amorosas
cuando estrechan, perezosas,
mi mano desfallecida.

Gracias a ti salgo ileso
de ansiar pasado y futuro,
y amo el presente seguro
y vuelvo a sentir mi peso.
Sé que son caricia y beso
realidad de realidades,
y pues mis ojos no evades
cuando de cerca me miras,
no quiero vivir mentiras,
déjame vivir verdades.

   Ahora empiezo a ver las cosas
a una luz clara y precisa.
Veo la risa en la risa
y las rosas en las rosas.
Y esta luz que torna hermosas
las cosas en oleadas
de profundas llamaradas,
en la lumbre verdadera
que no morirá aunque muera
la verdad de tus miradas.

¿Era antes como ahora?
Ese resplendor profano,
¿fue alguna vez meridiano
o es ésta su limpia aurora?
Yo espiaría hora tras hora
las rutas iluminadas
por tus abiertas miradas,
la de tus horas prudentes,
la de tus indiferentes,
la de tus apasionadas.

Pero el pasado, ¿qué importa?
Sólo el porvenir es nuestro
y él ha de ser el maestro
ante nuestra senda absorta.
Dicen que la vida es corta,
y es verdad. Pero hay verdades
más largas que las edades
y, entre ellas, las más benditas
son las de tus infinitas
promesas de eternidades.

Mujer, bien pronto aprendiste
a ser de veras mujer.
Yo te he enseñado a saber
estar muda y estar triste.
Ya sabes en qué consiste
este vivir —no te enfades—
temiendo infidelidades
y recelando cuestiones,
entre mis indecisiones
y entre tus sinceridades.

Que sea todo fealdad,
que todo sea mentira;
el consuelo de la lira,
el goce de la amistad.
Que triunfen la deslealtad
Y el desencanto en la vida.
Qué más da si en la escondida
vida de nuestra pasión
es nuestra mutua adhesión
la doble verdad querida.

No. Dime que todo es cierto.
Dime, y siempre lo repitas,
que, vivo, me necesitas
y que me amarías, muerto.
Palabras que en mi inexperto
corazón punzan la herida
con esa tu voz vencida,
sorda, opaca, casi inerte
con que triunfan de la muerte,
con que llaman a la vida.

Qué confianza en el destino
ésta que a tu lado siento.
Ahora ya no fío al viento
la razón de mi camino.
Ahora estudio, ahora adivino
mi itinerario de rosas
descifrando las sinuosas
líneas —laberinto un día—
que ofrecen en simetría
tus dos palmas amorosas.

Podrán los labios mentir
y aun los ojos engañar.
Tal vez me querrán celar
la verdad de tu sentir.
Pero inútil; al huir
se enreda en las temblorosas
manos, las fieles esposas
que burlándote inocentes
son, cuando aguardan, prudentes,
cuando estrechan, perezosas.

Yo quisiera devolverte
todo este bien que me haces.
Quisiera en perpetuas paces
atar la vida y la muerte.
Yo quisiera merecerte
y hacer tan tuya mi vida
como esta glosa dolida
que tus contornos abraza
y ahora verso a verso traza
mi mano desfallecida.

Como la brisa del mar
que, aunque tú no lo presumas,
secretos de las espumas
te pretende confiar.
Como la lumbre lunar
sin que de ello te des cuenta
en tus ojos se aposenta,
así mi luz y mi brisa
en tu mirada se irisa,
bajo tu cabello alienta.

   Con secreta pluma el ave
diáfanas jornadas vuela.
Su cantar nos la revela.
Cómo llegó nadie sabe.
Así de muda es la llave
—puerta de la pleamar—
con que la luna solar
abre a la noche su urna,
luna que en los cielos turna
como la brisa del mar.

   Turne la luna en sus fases
y las brisas en sus rosas,
que mis ansias sigilosas
miden justas sus compases.
Sombra, no me las atrases.
No me las deis prisa, brumas.
Ritmos y hálitos rezumas
de mis soledades graves,
lo mismo si ya lo sabes
que aunque tú no lo presumas.

Ten el oído siempre alerta
a insinuaciones fugaces.
Nunca en ellas me rechaces.
Soy yo que llamo a tu puerta.
Yo el que con la mano yerta
de lejanías tan sumas,
mientras tus sueños esfumas,
te ofrece en senos de olas
fábulas de caracolas,
secretos de las espumas.

Piensas porque no me tocas,
piensas que ya no me tienes.
Sólo en los torpes rehenes
de mis prendas aún me evocas.
Una sola las dos bocas,
los ojos de par en par,
múltiple abrazo de mar
requieres. No me conoces
cuando mi culto sus voces
te pretende confiar.

Mujer de tan poca fe
que cree aquello que pesa,
que sólo admite la impresa
estampa que en sus ojos ve.
Y tú no sabes por qué,
pero un rastro singular
te hace sentir que a pesar
del espacio que desvía,
te asisto en la lejanía
como la lumbre lunar.

Todo eso que te circunda,
todo eso que te acompaña,
tu soledad aledaña,
tu ausencia muda y profunda.
Todo eso que te inunda
—aunque te juzgues exenta—
que te moja de violenta
espuma, mar en tu roca,
soy yo, que busco tu boca
sin que de ello te des cuenta.

Una impensada mañana
nuestro pájaro del pecho
envidia el álgido techo
que ve desde la ventana.
El libre vuelo devana
y el total afán intenta.
Y he aquí que se desorienta.
No sabe volver, ¿por dónde?
Y entre tus manos se esconde,
en tus ojos se aposenta.

Y ya no tiene remedio.
Mi jaula quedó vacía
y no hallo filosofía
que orne piadosa mi tedio.
Hay que intentar el asedio
al nido que se divisa
entre las ramas. Y a prisa,
porque así sólo se gana
mi pájaro y mi ventana,
así mi luz y mi brisa.

Desde entonces domicilio
nuevo he aprendido a mi vuelo
domicilio paralelo,
dos celdas contra el exilio.
Alternativo, concilio
una y otra. Así indecisa
—derecha, izquierda— revisa
mi mirada su morada,
y volando atolondrada
en tu mirada se irisa.

Sólo es abrazo en resumen,
íntegra caricia y roce
la de la brisa en el goce
absoluto del volumen.
En esta fruición se sumen
todas las parciales. Lenta,
mi brisa tibia y sedienta
te abanica con el ala,
en tus perfiles resbala
bajo tu cabello alienta.

Canciones

1

Catecismo de amor.
Una semipoesía
y un dejo de folklor.

Aunque alguno se ría
porque soñar es viejo
y la musa de hoy fría,

yo en sus joyas le dejo
y a soplos de pasión
empaño el limpio espejo,

y en sorda discreción
permito —todavía—
voces del corazón.

Floklor —amor— poesía

2

Parecía una mujer
y era una niña.

Después
parecía una niña
y era una mujer.

3

Pone al copiarte mi espejo
un poco de oscuridad.
El cielo es azul celeste
y azul marino la mar.

4

Como el viento en el aire,
como en el mar la ola,
como el agua en el río,
vas dejando una estela
           sola,
una invisible estela de vacío.

5

Aguja de mi destino,
quién te acertara a enhebrar.
Ola versátil del mar,
quién supiera tu camino.

—Pero hay aguja y hay seda.
Y en el mar agua que rueda.

6

Si el ayer muerto ya
fue algún tiempo un mañana sólo mío,
este mañana de ahora nuestro,
¿cuándo vendrá a ser hoy eterno?
Esperémosle juntos
y cuando sea nuestro
—para que nunca más se vaya—
entre nosotros dos le sentaremos.
Que Josué nos enseñe
a jugar con el sol a la cometa.

7

¿Por qué cuando te hablo
cierro los ojos?
Yo pienso en aquel día
en que tú me los cierres
—esperanza infinita—
a ver si mis palabras
—costumbre larga mía—
pueden más que la muerte.

8

Fronteriza o elástica
la playa ¿es mar o es tierra?
Tú gustas de imprimir
en el borde tus huellas.

Un instante se ahondan
en la arena las manchas.
Se aclaran levemente.
Las limpia la resaca.

Y tú hilvanas de nuevo
tu jareta andariega.
Y la cubre otra orla
de clara espuma terca.

Porfía de elementos
No ceja el campeonato
hasta que tú le cedes
tu pespunte arriesgado.

Derrota victoriosa.
Retirada perfecta.
Tus zapatos incólumes
burlaron la sorpresa.

La mar celosa esconde
en su museo íntimo
la reiterada estampa
de tus pies atrevidos.

Desde que tú las miras
la ola mejor se peina,
más cernida es la espuma,
la playa más morena.

9

Ayer soñaba.
Tú eras un árbol manso
—isla morada, abanico de brisa—
entre la siesta densa.
Y yo me adormecía.

Después yo era un arroyo
y arqueaba mi lomo de agua limpia,
como un gato mimado
para rozarte al paso.

10

   Juntos en el tranvía.
La mañana fulgía.
Orillas de la ría.
      Alegría
      de andar.

   Juntos sobre la arena.
La tarde que encadena.
Y tú del sol morena.
      Gozo y pena
      de amar.

11

Y esta voz es la tuya.
No sé lo que me ha dicho
—queja, pregunta o mimo—.
Está —sin ti— voz tuya
¿cómo sin tú saberlo
ha emprendido el camino
y sin que tú desates su cadena
                ha venido?

12

«Cantar de los cantares

            Todos los días

                    Cantar»

Está muy bien, poeta,

tu lírica receta.

            Pero también

Vivir de los vivires

         Todos los días

            Vivir

        Amar

Morir de los morires.

13

¿Por qué no sueño contigo?
Se sueña en lo que preocupa.
El sueño es pájaro y busca
atado al cabo de un hilo.

Se sueña mientras se busca.
Se busca hasta que se encuentra.
Mi pájaro libre vuela
desde mi jaula a la tuya.

Los portillos siempre abiertos
ni noche ni día cesa.
Del sueño escapa a la vela.
De la vela torna al sueño.

En todas partes te encuentra
absoluta y pertinaz.
Aquí y allí siempre estás.
Estás dormida y despierta.

14

Mi vida ya no es veleta
que gira a todos los vientos.
Es brújula firme y quieta,
pastora de pensamientos.

15

Una torre de rimas
      quise elevarte.
Escalaban tus cimas
      mis pisos de arte.
Naipe a naipe, el trabajo
      todos los días.
Vino un soplo, y abajo.
      Tú sonreías.

16

Los futuros posibles que murieron,
ahora resucitados
—sólo porque tú quieres—
delante van cantando.

Los pasados soñados y posibles,
pero nunca vividos
—aunque tú no lo quieras—
vienen detrás sumisos.

17

Una a una desmonté las piezas de tu alma.
Vi cómo era por dentro:
sus suaves coyunturas,
la resistencia esbelta de sus trazos.
Te aprendí palmo a palmo.

Pero perdí el secreto
de componerte.
Sé de tu alma menos que tú misma,
y el juguete difícil
es ya insoluble enigma.

18

Adentro, más adentro,
hasta encontrar en mí todas las cosas.
Afuera, más afuera,
hasta llegar a ti en todas las cosas.

Secreto panteísmo.
Mi oración es así.
Tú estás en todo
y todo en mí.

19

Quisiera ser convexo
para tu mano cóncava.
Y como un tronco hueco
para acogerte en mi regazo
y darte sombra y sueño.
Suave y horizontal e interminable
para la huella alterna y presurosa
de tu pie izquierdo
y de tu pie derecho.
Ser de todas las formas
como agua siempre a gusto en cualquier vaso
siempre abrazándote por dentro.

Y también como vaso
para abrazar por fuera al mismo tiempo.
Como el agua hecha vaso
tu confín —dentro y fuera— siempre exacto.

20

¿Una hora? No. Cinco minutos.
El minutero —cierto—
dio la vuelta al mundo.
Pero es que nuestra aguja,
mientras estamos juntos,
es el horario maestro en disimulos.
Abajo en su esferita
—aprisa, aprisa—
se mueren los segundos
para medir el tiempo
los doctores de pulso,
y para que tú cuentes
mis latidos copiosos y menudos.

21

Mujer de ausencia,
escultura de música en el tiempo.
Cuando modelo el busto
faltan los pies y el rostro se deshizo.
Ni el retrato me fija con su química
el momento justo.
Es un silencio muerto
en la infinita melodía.
Mujer de ausencia, estatua
de sal que se disuelve, y la tortura
de forma sin materia.

22

Nos sorprende la lluvia.
Nuestros paraguas se abren
como sedientas frutas.

A la luz se satinan.
Ocho bocas simétricas
son las ocho varillas.

Y al pensamiento unánime,
cerrado el mío, el tuyo
nos inscribe en su oasis.

23

Lumínica pantalla.
Elaborada harina
del sol y de la luna
en la mecánica retina.
Luce la comedianta sus pestañas.
Y bajo tu sombrero
yo, entre las tuyas, miro en reverbero
la danza —diminuta— que fulgura
en la cámara oscura.

24

　　Siempre abiertos tus ojos
(muchas veces se dijo) como un faro.
Pero la luz que exhalan
no derrama su chorro en los naufragios.
Enjuto, aunque desnudo,
voy derivando orillas de mi radio.
Soy yo el que giro
como un satélite imantado.
Y dime. Esta luz mía —tuya— que devuelvo
¿a qué te sabe muerta en tu regazo?
¿Puede aumentar tu lumbre
este selenio resplandor lejano?

25

　　Acera de la calle
todos los días aprendida.
Cauce cabal a dos estelas justas
en una sola paralela vía.
Mientras ellos se sumen y se enturbian
tú y yo vamos bordando nuestra orilla.

26

　　Esta mi pasión se gasta,
se deshace en mil partículas,
se apura angustiosamente,
se trasustancia en cenizas.

Pero no como la vela
dócil, callada y continua,
que a la vez que arde con ritmo,
servil esclava, ilumina.

sino más bien como el lápiz
con que te escribo las rimas
que en la capucha de níquel
sume su cabeza esquiva,

y que de madera prieta
se viste esbelta camisa
para proteger de riesgos
al tuétano de la mina.

   Como este lápiz, mi amor
refrena sus avaricias.
Surtidor de vena negra
sus cristales no prodiga.

   Mas grano a grano te ofrece
dulces palabras del día,
y en magnánimo derroche
se te vierte si le dictas.

   Pero no temas que fine
—adivinanza, adivina—
porque es la pájara fénix
que vive de sus cenizas.

27

Arquitectura plena.
Equilibrio ideal.
Las olas verticales
y el mar horizontal.

Tú oblicua.

La verticalidad,
voluntad de ola y trigo.
Yo me tiendo en la playa
para soñar contigo.

Tú oblicua.

Los puntos cardinales,
cabeza, pies y manos.
La rosa de los vientos,
de los vientos humanos.

Tú oblicua.

Norte. Sur. Este. Oeste.
Cenit. Nadir. No sigo.
Es imposible astucia
la de acertar contigo.

28

   Mira el mar, siempre el mar. Es el eterno,
infatigable obrero batihoja,
que va puliendo el agua hoja tras hoja
y legando a la playa su cuaderno.

   Rítmicos siempre, pero nunca iguales,
el viento va extendiendo con su pluma
los versos blancos de rizada espuma
que avanzan paralelos y triunfales.

   Jamás le ha de fallar ritmo ni rima,
ni imagen justa ni materia prima.
Muere un verso en la arena y otro escribe.

   Aprende su alfabeto, y deletrea
mi poema que en él eterno vive.
Yo para ti lo pienso y él lo crea.

29

   Pero tú nada temas.
Cada año del futuro
me llevará —minúsculo trofeo—
un mechón de cabellos en el puño.
¿Y nada más? Sí. Las estrellitas
se han de apagar por turno.
Y bogando en un mar chico de aceite
una, más fiel, me velará el sepulcro.

30

Me aleja el tren de ti.
Yo hacia adelante miro.
Es inútil; no aspiro
    a verte allí.

Contra ti me acomodo.
Tú a mi espalda de frente.
Y en mi espejo, presente
    lo veo todo.

Todo lo que haces veo
—cada vez más menudo—
en el espejo mudo
    del tren correo

31

No eres la misma la que eres ahora,
no eres la misma que yo aprendí ayer.
Eres, presente o ausente, traidora.
Rasgos iguales, distinta mujer.

Dime el secreto, la cifra, la clave.
Pueda yo abrirte y cerrarte a placer.
Ten sólo celos de ti misma. Sabe
que eres traidora a ti misma, mujer.

Elegías

A ENRIQUE MENÉNDEZ[10]

Una humilde corona,
dulce Enrique Menéndez,
de eternas siemprevivas
quisiera entretejerte,

que sobre tu sepulcro
calladas balanceen
sus espigados tallos
al soplo del nordeste.

Tú que amabas las flores
de tu huerto obediente,
tu huerto que en tu ausencia
tristemente florece,

acéptame estas pocas
florecillas silvestres
regadas de mis lágrimas
entre mis manos leves.

---

[10] Se publicó en *Sobre la tumba de Enrique Menéndez y Pelayo. Corona poética de sus amigos,* Valladolid, 1924.

Flores de cada día
que corté amargamente
de mis pobres jardines
efímeros y estériles,

flores de cada hora
que mi tierra me ofrece
para adornar altares,
para decorar sienes.

Y qué ara más bendita
que tu sepulcro agreste,
divina jaula triste
sin cantor que la alegre.

Y a qué sienes ceñir
corona de laureles
como a estas tuyas nuevas
que ya nunca encanecen.

Aquí, pues, te las dejo
desmayadas y flébiles,
pero a nadie le digas
que hoy he venido a verte.

Los días van pasando.
Van pasando los meses.
Las flores y los pájaros
han vuelto y tú no vuelves.

Te arrancó de nosotros
la burladora muerte,
y desde entonces pisas
huertos siempre perennes.

Abajo, los poetas,
jardineros terrestres,
cantamos y cortamos
las flores del poniente.

Las del alba tú solo
las cosechas celeste,
del jardín de la vida
tras el mar de la muerte.

Te fuiste tú y seguimos
torpemente vivientes.
Qué vergüenza vivir
cuando los buenos mueren.

Toma estas flores tristes,
dulce Enrique Menéndez,
pero a nadie le digas
que hoy he venido a verte.

A JOSÉ DE CIRIA ESCALANTE

Aún no había nacido
su pubertad temprana
de las cenizas de la infancia muerta,
y ya inquieto en el nido
abría la ventana,
desnudaba de par en par la puerta.
Y ya por siempre abierta
la dejó al largo viento
que va de pensamiento en pensamiento.

Tiempos del Instituto,
los libros bajo el brazo
y una espiral de humo entre los dedos.
Día y hora y minuto
que en corbata de lazo
se trueca la chalina y sus remedos.
Y los sexuales miedos,
y el pantalón que quiere
pasar de la rodilla y que allí muere.

Tiempos que aún están vivos,
que todavía alientan
y casi con las manos los tocamos.
Siete años fugitivos
apenas si se cuentan
y aún es dócil la escena a mis reclamos,
la escena en que cruzamos
nuestras manos recientes,
a la amistad estrechas y calientes.

De entonces, cuántas cosas,
cuántas hondas miradas,
cuántas charlas alegres y febriles.
Las lecturas sabrosas,
cuadernos, galeradas,
pliego a pliego los libros juveniles.
Pudieran ser pueriles,
que sólo por ser mía
mi estrofa acariciaba y repetía.

Juntos por la ribera
por las atarazanas,
orilla de la mar, al Sardinero.
Tardes de primavera,
otoñales mañanas,
noches de agosto y julio verbenero.
Comentos del torero,
glosas de los pintores,
confidencias recónditas de amores.

Con cuidado y presura,
corto el paso, avanzaba
como quien llega tarde y va deprisa
y el plazo estrecho apura,
porque el día se acaba,
y hacia un fin sin sospecha urgente pisa.
Y la urgencia es precisa
porque la vida es corta
y llegar pronto y bien es lo que importa.

Ay, que un largo desgaste
nubla en los torpes tramos
la lúcida cenefa de tus huellas.
Y si tú ya llegaste,
nosotros nos quedamos,
indeciso el camino a las estrellas.
Tú que vives entre ellas
devana en nuestro instinto
el hilo conductor del laberinto.

  Con él te tantearemos,
y la fe, mientras llega
el nuevo abrazo de la nueva aurora,
para que te busquemos
a la gallina ciega
nos ceñirá su venda soñadora.
Pues aunque estés ahora
oculto a mi mirada,
está en mí tu presencia recatada.

  Guardaremos tu culto
—pulquérrima amargura—
los que fuimos tus fieles camaradas.
El hueco de tu bulto
inclinado perdura
a las abiertas páginas amadas.
Junto a las invioladas
tus caricias espera
—de hueso o de marfil— la plegadera.

Versos Cantábricos

LA PLAYA DE LOS PELIGROS [11]

A mi hermano José

Playa de los Peligros: no sé por qué me evocas
la sensación concreta de una isla de caribes,
tú que contemplas muda tras tus abruptas rocas
el desfile de dragas, de gánguiles, de algibes.

Allá, cuando era niño, leyendo a Julio Verne
debió en mí germinar esta imagen bizarra,
y en mi sagrario vive. Hoy sobre mí se cierne,
taga de mis recuerdos, este cielo pizarra.

Iba yo entonces solo por escollos y breñas
soñando en Robinsones y en aventuras locas,
y eran para mí islotes las verdinosas peñas
y acantilados trágicos las florecidas rocas.

Un bergantín anclado allá en el fondeadero
era el navío dócil a la aventura incauta
del héroe en vacaciones, capitán quinceañero
que renovaba el mito del clásico argonauta.

---

[11] Se publicó en *La Montaña,* agosto de 1919.

La escena era tangible si entre las verdes algas
los broncíneos raqueros se bañaban desnudos,
y lucían sus torsos, sus muslos y sus nalgas
manjares tentadores de antropófagos crudos.

Temblando de emociones veía la fragata,
los senos de las velas, blancos anfiteatros
opulentos al viento. En la borda, el pirata.
Arriba, la gaviota... el exótico albatros.

Escenario encantado para vivir novelas.
Viñeta que ilustraba márgenes de relatos
por donde iban cruzando las blancas carabelas
erizadas de arpones para los ballenatos.

Playa de los peligros. Qué a gusto te concibe
mi interrumpida mente caníbal y remota.
Aún si entorno los ojos, el raquero es caribe,
el patache fragata, albatros la gaviota.

TIESTO

Tiesto. Jaula vegetal.
Pez en la tierra perdido.
Tiesto. Nostalgia y hastío.
Tiesto. Generosidad.

  El tiesto brota una flor
que es un beso, que en las puntas
de los dedos aventura
al canario del balcón.

  Corresponde el divo y suelta
el chorro de sus arpegios.
Idilios de prisioneros
recluidos en sus celdas.

  Mutuo amor correspondido
de dos desterrados. Baste.
Convirtamos las dos cárceles
en un solo paraíso.

ARRABALES DEL PUERTO

Arrabales modernos de los puertos.
                Arenales desiertos.
                Mercantiles barriadas,
sobre las tierras nuevas de arenas y de escoria
                palmo a palmo robadas
                al mar.
Tierras jóvenes, vírgenes de tradición e historia,
                tierras ilusionadas
que exaltan su lirismo por las cien bocanadas
de sus cien chimeneas sedientas de soñar.
Yo amo estos simétricos y sucios terraplenes
                surcados por los trenes,
                sembrados de almacenes,
donde las mercancías duermen como personas
bajo las tejavanas y las lonas.

  Y estas calles postreras
que aún sienten la sorpresa de no ser carreteras,
la sorpresa de aquella mañana lenta y fría
cuando pasó el primer tranvía
señalando una estela de extrarradios urbanos
y se hiló la gemela orla de unas aceras
para librar del barro los zapatos,
los zapatos baratos que calzan primorosas las obreras.

Precaria arquitectura la de estos barrios llanos;
casas improvisadas, súbitos cobertizos
fábricas cuartelarias: los símbolos humanos
en culturas violentas ni alardes ni postizos,
instintivos, desnudos, primerizos.
Deliciosos colores, agrios, sucios, pizmientos,
prestan a las fachadas gestos con alma y vida.
Son espectros de crímenes, jugos de carne herida,
zumos de los que expenden los establecimientos
donde se soba el naipe y se ama la bebida.

Luego las noches turbias de brumas y de esplín.
      A bordo del vapor o el bergantín
los marinos de Escocia, de Noruega, de Holanda,
            oyen tocar la banda
en los roncos gramófonos; o en los acordeones
ensayan las nostálgicas canciones
que aproximan las landas y los fiordos lejanos.
Y otros se marchan a soñar
entregándose en brazos de sus buenos hermanos
el ron de la bodega, la ginebra del bar.

Y las luces marinas, verdes, rojas y gualdas
y las de los anfibios faroles en hilera,
son como tus triunfales y nupciales guirnaldas,
verbena de tu fresca primavera,
arrabal bien nacido de la ciudad obrera.

BRINDIS

*A mis amigos de Santander que
festejaron mi nombramiento profesional*

Debiera ahora deciros: «amigos,
muchas gracias»; y sentarme, pero sin ripios.
Permitidme que os lo diga en tono lírico,
en verso, sí, pero libre y de capricho.

     Amigos:
dentro de unos días me veré rodeado de chicos,
de chicos torpes y listos,
y dóciles y ariscos,
a muchas leguas de este Santander mío,
en un pueblo antiguo,
tranquilo
y frío.

  Y los hablaré de versos y de hemistiquios,
y del Dante, y de Shakespeare, y de Moratín (hijo),
y de pluscuamperfectos y de participios.
Y el uno bostezará y el otro me hará un guiño,
y otro, seguramente el más listo,
me pondrá un alias definitivo.
Y así pasarán cursos monótonos y prolijos.

  Pero un día tendré un discípulo,
un verdadero discípulo,
y moldearé su alma de niño
y le haré hacerse nuevo y distinto,
distinto de mí y de todos; él mismo.
Y me guardará respeto y cariño.

Y ahora yo os digo:
          amigos,
brindemos por ese niño,
por ese predilecto discípulo,
porque mis dedos rígidos
acierten a modelar su espíritu
y mi llama lírica prenda en su corazón virgíneo,
y porque siga su camino
intacto y limpio,
y porque éste mi discípulo
que inmortalizará mi nombre y mi apellido,
...sea el hijo,
el hijo
de uno de vosotros, amigos.

REGATAS [12]

Regatas, blancas regatas
de mi niñez novelera.
Abordajes de piratas
sobre la mar marinera.

Diminuto espectador
que con los ojos abiertos
vuelas en tu mirador
a otras playas y otros puertos,

persiguiendo desde el muro
las paralelas estelas,
sagitario del maduro
arco tenso de las velas.

A la marina ruleta
apuestas tu corazón
por el del aspa violeta
en el blanco grimpolón,

aquel que pilota un hombre
con un ancla en el jersey,
el que lleva sobre el nombre
una corona de rey.

---

[12] Se publicó en *La Atalaya,* Santander, agosto de 1922.

Espectador, no ha lugar
a que goces tus novelas.
Ya no es tiempo y en la mar
agonizan las estelas.

Deja que juegue y que ría
la frivolidad naval.
Tu vida será agún día
una regata mortal.

PLAYA A LA DERECHA

Esta playa morena de la ensenada angosta
que se nos abre y cierra momentánea y esquiva
cuando el tren curvilíneo deriva hacia la costa
y la brisa salobre su vuelo ágil aviva,

este mar imprevisto que la retina apresa,
deslumbra entre uno y otro cañón sombrío,
cuajando en perdurable estampa la sorpresa
ornada de gaviotas y ausente de navío,

se entregan, mar y playa, a un emulado canje.
Él la besa de espumas, salivas de cien bocas,
y ella le corresponde cediendo de su alfanje
esa maravillosa ceniza de las rocas.

Indeleble marina que en pueriles novelas
fermentó nuestra ansia nerviosa de aventuras.
Marina que soñamos, no surcada de velas.
Playa de la isla virgen, incólume de amuras.

Así, triste y lejana, desierta te apareces
a la margen derecha del soñoliento viaje;
pero tan presto huyes que olvidamos a veces
mirarte y no afligimos tu soledad salvaje.

No profanen tus senos recelosas lascivias,
frívolas abluciones, ritos de veraneos,
y guarda tu esquiveza, pues que con ella alivias
sueños de peregrinos de los trenes correos.

Ayer te vi de nuevo. Estaba adormecido
el mar y sesteaba en un liso letargo.
Su pecho tumultuoso suspendía el latido
y era una tentación su inmóvil cuerpo amargo.

   Pista de patinar era su terso anverso
hasta perder de vista para siempre esta jaula.
Y yo escuché: —No temas, la fe te hará insumerso.
Las sandalias te guíen de Francisco de Paula.

EL SONETO DE CATORCE AÑOS

Está la noche limpia y clara.
Entra la luna en tu aposento.
¡Oh, si el espejo reflejara
tu atolondrado pensamiento!

Están abiertos los balcones
para aspirar el aire puro.
La brisa trae insinuaciones
para tu cuerpo prematuro.

Estás alegre y triste y rara.
Algo en tu carne va a nacer.
(Bien te podrías llamar Sara,
tal vez Judit, quizás Ester.)

Y hay un misterio que se aclara
entre la luna y la mujer.

EL FARO

Centinela, despierta,
gira la luz del faro,
reloj horizontal de luminosa aguja.
Desde el Norte hasta el Norte, a la derecha,
todos los rumbos del cuadrante.
Y el haz de su destello,
una detrás de otra,
va iluminando todas las estelas,
la del mercante rumbo al mar del Norte,
la del patache lento,
paciente caracol de cabotaje,
y la del trasatlántico
que navega hacia América.
Y al dar la vuelta el faro las bendice.
Cuadrante, si tu rosa
es la náutica rosa de los vientos,
tu luz, faro piadoso,
es la celeste estrella de las luces.
Un día morirá en una postura.
Torrero, tú lo sabes,
pero no cuál será.
Engrasa bien su noria.
Así la mula, con la venda puesta,
nunca adivina el rumbo, y obedece.

OFRENDA

*A mis amigos de Gijón, al
aparecer mi «Manual de espumas»*

Cuando a vosotros vine, regresaba de un viaje
—mieses agavilladas, calles color de anís--.
Se apagaba el verano, y en mi retina traje
amarillo de Soria y grises de París.

¿Comprendéis mi secreto? Mi oído era una urna
de castas soledades armoniosas de insectos,
de músicas de dancings, donde la moda turna
ritmos disciplinados en compases perfectos.

Y yo, desde la costa, frente al arco del abra,
pastoreaba antiguos rebaños de emociones,
y quebraba un marisco o una bella palabra
para ver qué escondían en sus caparazones.

Delicia de los ojos. Playa de San Lorenzo,
de Este a Oeste extendido su manto de canela.
La mirada perdida en el confín del lienzo
o acariciando el seno sonoro de la vela.

Y el mar me iba ofreciendo su muestrario de es-
                                [pumas
de jabón, de gris plata, de licor verde o fresa,
efímeras estrellas disueltas entre brumas
para el hombre que sufre y la mujer que besa.

Naturaleza y Arte. La lección de insistencia,
de reiterado impulso, de eternas tentativas.
Porque el mar sólo es eso. Voluntad de presencia
y un ensayo paciente de estrofas sucesivas.

Así para mis versos cursé el aprendizaje,
buscando un equilibrio de belleza madura,
en esta villa vuestra que aún es casi paisaje,
y no tiene dos casas de la misma estatura.

¿Vuestra? Y mía también. Devané en ella el ocio
que se tradujo en flores de una inútil poesía.
Pero no es todo estéril. Cumplí ese sacerdocio
de enseñar lo que apenas se aprende día a día.

Amigos: a vosotros estos versos de ofrenda
y a vuestra villa honrada del carbón y el navío.
Camino a la Belleza, planté en ella mi tienda.
La ruta es imposible, pero el norte ya es mío.

El mapamundi me abre sus dos valvas gemelas.
Cruje de ociosas brisas mi náutico aparejo.
Acompañadme en tanto a remendar las velas
y a educir el elástico tubo del catalejo

(1925)

VISITA AL MAR DEL SUR

A Rafael Alberti

De aquel mar me despedía,
mi cántabro mar maestro,
para buscar el mar nuestro,
mar nuestro de cada día.
Yo apostaba en la porfía,
sobre la vuelta de Ulises,
buen catador de países,
Colón prudente de Thules
tras de las aguas azules,
como aquel tras de las grises.

Y al sur llegué. El panorama
desde los montes que piso
se dibuja alto y preciso,
pródigo se desparrama.
Cerca, la encendida trama
de la vertiente en retazos.
Y arriba el mar visto a plazos,
sucesivo y momentáneo,
el arco mediterráneo
que rebasa de mis brazos.

Yo, por contrapunto, pienso
en mis cantiles del norte,
y traban mutuo soporte
visión fiel, recuerdo intenso.
Queda el presente indefenso.
El ayer triunfa. Y en plena
metamorfosis de arena,
bajo la luz que hago lluvia,

vierto aquella arena rubia
sobre esta playa morena.

   Pero el sur vuelca su tinta
azul-negra. El horizonte
comba el lomo de bisonte
y ciñe el piélago en cinta.
Nace la luna distinta
y en plata la mar coagula.
La marea casi nula
mi pecho acalma y compasa.
La espuma antigua se tasa
y la brisa se estipula.

   Noche disuelta en jazmines,
iluminada de escamas,
que pulsa en todas las ramas
músicas de los confines.
Mullidora de cojines
para apoyar la cabeza,
sé a la unánime certeza
del sabor de este marisco,
que aquel mar que airaba el risco
es el que hoy se despereza.

   Ya vuelvo al norte tranquilo.
Ya con doble voz dialogo,
y alternadamente bogo
mar yacente, mar en vilo.
Mi hipotético nautilo
me interna en un inexacto
mar, fruto de un limpio pacto,
mar arista, mar tabique,
mar que navega mi psique
al soplo de un viento abstracto.

(1925)

Epístolas

A JOSÉ MARÍA DE COSSÍO

*Al recibo de su libro
«Epístolas para amigos»*

José María de Cossío:
Amigo, y más que amigo, hermano.
Tu espiritual, lírico envío,
llegó a mi nido castellano.

Y he interrumpido la lectura
de tus epístolas, beodo
con la orgiástica hermosura
de la que empieza de este modo:

«Sombra olorosa»... Nueve a nueve,
las nueve hermanas enlazadas
te entretejieron con su leve
paso las sílabas aladas.

«Entre mis manos la Odisea.»
Fidelidad, retorno al fin.
Eumeo el viejo y Euriclea,
Y Helenus fiel, el buen mastín.

(Qué bien sonáis, nombres queridos,
en estos versos de violín
—cinco más cuatro— preferidos
de Luis Fernández Ardavín.)

Qué paz. Qué paz. Tranquilos, tersos,
cual en un friso entrelazados,
uno tras otro van tus versos
como a los puertos tus ganados.

Y van a Enrique, mansos, mansos,
a Enrique el bueno, el buen poeta,
dulce cantor de los remansos
y de la «mansa vida quieta».

¡Cuánta poesía! ¡Qué riqueza!
Reposa el valle. Reza el río.
Mi alma revive la belleza
de aquellas horas del estío.

Hervor confuso de zumbidos
—sonora hamaca, siesta agreste—
y un largo coro de balidos
que trae del monte el noroeste.

Luego, a la noche, la velada.
Arde la luz, y el nieto un velo
pone a su voz emocionada
al leer los versos del abuelo.

Y mientras seca y recalienta
la chimenea nuestros trajes,
José del Río fuma y cuenta
«versos del mar y de los viajes».

Gracias, amigo, por tu envío.
Y ahora, no «adiós», sino «hasta luego».
En la ciudad y el mes del frío,
hoy dieciséis,

Gerardo Diego

A JOSÉ DEL RÍO SÁINZ

Después de leer su libro
«La belleza y el dolor de la guerra»

Tu musa ¿dónde fue el encuentro, José del Río?
¿En qué exótico puerto contigo se cruzó?
Antes que tú la amases la vio Rubén Darío,
pero no le hizo caso. Sólo a ti se entregó.

    Sería en algún viaje por los mares norteños.
Tus ojos niños, turbios de contemplar las olas,
la verían absortos cruzar como entre sueños
bajo las ojerosas luces de las farolas.

    Ella te contó versos en los sórdidos bares
que huelen a tabaco y a hule y a pellejos,
y del brazo contigo se fue por esos mares
como una novia nueva que se quiere ir muy lejos.

    Musa errante y curiosa de horizontes y tierras.
En tus soñados viajes cuántas cosas has visto.
Bonanzas y borrascas, y naufragios y guerras,
y un jirón de la túnica roja del Anticristo.

    Visiones infantiles. Panoramas de cromo.
Trepan los bersaglieri. Desfila el escuadrón.
Ejércitos pintados, soldaditos de plomo,
pero con un humano y ardiente corazón.

    Capitán de tus barcos, Capitán de tus versos.
Tus versos y tus barcos nunca naufragarán.
Por mares y por tierras, bajo cielos diversos,
que te acompañe siempre tu musa, Capitán.

A JUAN LARREA

En su partida de España

Cuando por fin decides libertar tus amarras
y surcando el otoño contra las golondrinas,
—amueblas tus canciones— en el norte, y desgarras
desteñidas esquelas y estrofas clandestinas;

cuando —primera escala de tu viaje de bodas
con la Poesía intacta— a París tiendes vuelo
y rasgas impaciente las vestiduras todas
de cinco años de célibe y de cinco de celo,
permite amigo mío, que mientras te acomodas
en tu nupcial carruaje yo te tienda el pañuelo.

Eran los años frescos y eran los meses turbios
de nuestras primaveras de furores poéticos.
Y nuestras charlas líricas paseaban los suburbios,
fermentadas de odios a los dioses miméticos.

Era el diario poema y era el hallazo urgente
y el zambullirse intrépido en líricos abismos,
y el volver del sondeo con el arduo presente
de una inédita especie de inquietos futurismos.

Y el gozo del regalo que, sin saber a veces
por que, nos deparaba la intuitiva quirurgia,
y el sabor de un licor cuyas podridas heces
bailaban en un vaso de extraña metalurgia.

Una tarde, ¿te acuerdas?, nos llegó el meteoro.
«Una estrella desnuda se alumbra sobre el llano.»
A su fulgor supimos cómo se alquimia el oro
y se hace geometría la sombra del arcano.

Tú bien pronto prendiste tu portátil lucero
y en el cielo de España nadie el prodigio supo.
Yo, al riesgo de los soplos, tan sólo un reverbero
en cuyo disco abierto vuestras luces agrupo.

Algunos halagaban las lejanas vislumbres
de mi fácil satélite. Le creían planeta.
Pero yo les hablaba de lo que hay tras las cumbres,
de la voluble luna y del alba secreta.

Ya han pasado los años. Tu estrella de bolsillo
te guía con su llama que a tu arbitrio gradúas.
Mi sol falso, de viejo, se va haciendo amarillo.
Día a día se mella su corona de púas.

Bien sabes, Juan, que es cierto, que en poca agua
[naufrago.

Más de una vez temiste seriamente por mí.
Por eso, aunque te vayas, tu estrella de Rey Mago
que me alumbre este valle donde vivo y nací.

Siempre un próximo estímulo necesito. Así ahora
sobre mi mesa muestra sus letras «framboisées»
el título de un libro donde a su dama adora
—imposible a él, hoy tuya— Stéphane Mallarmé.

Al radio de mi brazo se me ofrecen actuales
el Góngora de Hozes y mi Bocángel raro;
mi Bocángel, un cofre de esplendores verbales
cuyo oro hilado arde sus destellos de faro.

Ya adivino tu gesto esquivo y enigmático.
Si. Ya te entiendo. Temes que me tienten las glosas,
que me contagie el morbo estéril del gramático
y en heroico herbolario para el cultor de rosas.

No, amigo. Te prometo ganar siempre mi día,
como los de aquel mayo y junio, un lustro hace.
Por mi diario poema luchar con alegría,
y emprender en mi mapa tus viajes. «Vade in pace.»